رِوايَةٌ واقِعيّةٌ

الصَّرْخَة

- سموم وادي الأفاعي -

اسـم الكتـاب: الصَّرْخَة - سموم وادي الأفاعي - (رِوايَةٌ واقِعيّـةٌ)

المــؤلــف: رياض القاضي

المراجعة اللغوية: عبدالعزيز السباعي

الإخراج الداخلي:

النخبة
للدعم الفني وخدمات النشر
٠١٠٢١٥٧٥٠٨٦ - ٠١٢٧٦٨٩٠٠٣٧

الإشراف العام: ياسر رمضان

الناشر

كنوز
للنشر والتوزيع
14 شارع جواد حسني متفرع من شارع قصر النيل - القاهرة
تليفاكس: 0223961698 محمول: 01227717795
email:kenouz55@yahoo.com

رقـم الإيـداع:
الترقيـم الدولي:

الطبعة الأولى: 2016

حقوق الطبع محفوظة
لا يسمح بإعادة إصدار هذا الكتاب أو أي جزء منه أو تجزئته في نطاق استعادة المعلومات، أو نقله بأي شكل من الأشكال، دون دونَ إذْنِ المؤلِّف وتصريحٍ مُوقّعٍ منه.

رِوايَةٌ واقِعيّةٌ

الصَّرْخَة

- سموم وادي الأفاعي -

تأليف

رياض القاضي

كنوز

2016

«ربما لا نبالغ إذا قلنا إنّ الرّئيس العراقي الرّاحل صدّام حسين هو الذي بدأ في التّمهيد العملي والعقائدي واللّوجستي للدّولة الإسلاميّة، سواء جاء ذلك بمحض الصّدفة أو نتيجة خطة مُحكمة».

عبدالباري عطوان

«الدّولة الإسلاميّة: الجذور.. التّوحش.. المستقبل».

«علينا أن نفهمَ أنَّ تنظيمَ الدّولةِ باتَ دولةً الآن».

الصّحافي والسّياسي الألماني **يورغين تيدنهوفر**

أنظمتُنا أوَّلُ مَن أسَّس هذه الدّولة الإرهابيّة، من خلال التّعذيب والحرمان والتّهميش لشعوبهم.. وأصبح المجتمع منحلاً والحكومات أكثر إهمالاً.. والعرب قد تفرّقوا.. ولو تساوت ذنوبُنا مع ذنوبِ أعدائنا كانت الغلبةُ لهم.

رياض القاضي

كلمة المؤلّف

أكتُبُ للطّفلِ الذي تشرّد بسبب غباء السّياسيين.. أكتُبُ للمرأة التي اغتصبها الجندي وأحرق ثديها وجعل جمالها لعنةً تحل على أنوثتها.. أكتُبُ للرَّجُلِ الذي ذبحوه كـ«خروف العيد» تحت صيحات الجهل.. وأنعى أمَّتَنا العربيّة لفقدانها معانيَ الرّجولة.

المؤلف

الفصل الأول
الصرخة

❑❑❑

الحروبُ تُدَمِّر، بل دمّرت، الذّكريات والبشر، وكل ما خُلق في أحسن تقويم.. لا يجد المرء الأمانَ فيُقتَل بالرّصاص أو يموت جوعًا. وحينما يفكر في أن يلجأ إلى إحدى الدّول العربيّة المجاورة، يفاجأ بأن حاكم الدولة التي لجأ إليها متواطئ مع دكتاتور بلده.. حينها يكون الموت أرحم؛ لأنه سيكون في ذمّة الله، لا المخلوق.

وترى من المَشاهد المأساويّة الكثير، وقد أضحت مألوفة:

أمٌّ تتسول الخبزَ لإشباع رمق أطفالها، وتجد مواقفَ مخزيةً من أغنياء العرب باستغلالها، ويفكرون فقط في إشباع غرائزهم التي تسيطر عليهم في كل الأوقات ثم يدّعون التّديُّن.

بعضُ اللّاجئات في المخيّمات وجدن كسرة الخبز قد كساها العفن، لونه أخضر داكن، فالجوع لا يميز إن كان الخبز طازجًا ساخنًا أو غمرتهُ العفونة لتستقر في معدة لم تذق الأكل لأيّام. وقد تجد الأمُّ المعونةَ مِن بعض العامّة، أو قد تحتضنها الطُّرقات وتسند رأسها على الرّصيف، وتفترش حِضْنِها لأطفالها لتقيهم من شدة البرد.

هذا هو تعريف اللّجوء في بلاد الشّرق الأوسط، على الرّغم من أن ديننا كامل.. لكن النّقص فينا.

❑❑❑

اسمُهُ «عدنان».. ضابط برتبة مقدّم ومدرّب طيران في كليّة حلب الحربيّة،

متزوّج وله ولد وابنتان، الولد 11 عامًا، والبنت الكبرى 15 عامًا، أمّا الصغرى فتبلغ سنة وشهرًا من عمرها. أهله يسكنون في «دِرْعا»، أما هو فقد اتّخذ من «الحجر الأسود» مقرًّا له ولأسرته.

تمّت ترقيته قبل زواجه بشهر واحد، من رائد إلى مقدم طيّار، وانتقل إلى الكليّة العسكريّة الجويّة ليشغلَ وظيفة «مدرّب طيران ليلي نهاري».

لكن، بعد حفل زفافه لم تدُم الفرحة طويلاً، حتى عكّرت صفوَ المناسبةِ السّعيدة بعد أيّام قلائل من الزّفاف مفاجأةُ اعتقاله وكأنّه مُجرمٌ أو اقترف ذنبًا سياسيًّا خطيرًا. شدّوا عينيه بقماش أسود وقيّدوا يديه ثم اقتادوه إلى زنزانة السّجن الخاص بالسّياسيين. لم يكن يسمع سوى صرخات المعتقلين التي كانت تمزّق أُفُقَ الظّلام. كانت تخترق ستر اللّيل، ترتفع الصّرخات مع عويل الكلاب إلى السّماء الملبَّدةِ بغيوم الشّتاء الباردة.

لم يكن يسمع سوى صرخات من نوع ثانٍ، مزّقت أركان المكان، صراخ رجال وهم يُعذَّبون، تُقتَلع أصابع وتُمزَّق الأجساد بالسّياط.

قبل أن يزجّوا بـ«عدنان» إلى داخل السّجن خلعوا بدلته العسكريّة.. كانت بدون رتب، فاعتقد السّجّان أن عدنان جندي عادي، خصوصًا أنَّه لم تُذكر بشأنه أيّ معلومات عن وظيفته أو عن سبب اعتقاله، فحبسوه انفراديًّا لفترة طويلة دون أن يعلم سبب جريمته.

كلّما حاول أن يخلد إلى النوم استيقظ فزعًا من أصوات البكاء والتّعذيب، ففي خارج الأقفاص الحديديّة يعيش المعتقَلون أفلام رعب لا نظيرَ لها. عمليات تعذيب وحشيّة ولا من أحد له السّلطة أن يمنع ما يجري من فنون الغطرسة والتّنكيل، لم يمسّوا عدنان بسوء وكأنهم أحضروه ليتأدب على أمرٍ ما قد اقترفه.

إنها العشر الأواخر من رمضان، يقضيها في هذه الزّنزانة الانفراديّة، وقبلها شرّف فرع حلب وفرع مزّة. كان يخرج من الزّنزانة أثناء طلبه من السّجّان أن يتوضأ ويُصلي ثم يعود كالخروف المريض إلى السّجن المُنعزل ويتأمل في سقفه الرّمادي ويبحث بين جدران المُعتقل عن الذّنب الذي اقترفه.. معاملة العناصر الأمنيّة له تختلف عن بقيّة السّجناء.. فهم يلبون طلبه بإخراجه للوضوء ولا يعذبونه، بل لا يقذفونه بالسّب والشّتم.. إن معاملتهم له قياسًا بالسّجناء رحمة كبيرة جاءت بتوصية خاصّة من مسئولين كبار.

بعد فترة.. علم أنَّ عقوبته كانت بسبب زواجه من «إخلاص»، دون موافقة أمنيّة؛ لأنها كانت تحمل «جرين كارت» (كارت اللّجوء الأمريكي). ولربما بالنّسبة للدَّولة يعتبرونها جريمة كبرى ارتكبها الضّابط بحق أمن الدّولة.. بل حتى الحب يجب أن يكون مُرخّصًا مِن قِبَلِ الحكومة.

وبخلاف ذلك لا تجيز حكومتك الارتباط بمن تحمل جنسية أجنبيّة حتى لو كانت بنت بلدك.. إذن، عليكَ غضّ النّظر عن المسألة بأكملها وإلا فالعواقب وخيمة. الحب يجب أن يتم تحت موافقة مخابراتيّة لكي تهنأ بالاختيار.

ولكي يتخلص «عدنان» من تهمته أجبروا «إخلاص» على التّخلي عن أوراقها مقابل البقاء في سوريا بجانب زوجها.. وهذا الاختيار المفروض جاء نتيجة تدخل ضبّاط كبار لكي يُنقِذوا عدنان من ورطته.

حاول أحد الجنود أن يصفع عدنان لخطأ ارتكبه داخل السّجن، فصدّه عدنان مُحذّرًا إيّاه بأنه ضابط طيّار وما زال يحمل رتبة عسكريّة وبمرسوم جمهوري، الأمر الذي أدّى إلى تراجع الجندي عن معاملته بقسوة وأخذ الحيطة والحذر في كل تصرف يتصرفه مع عدنان.

□□□

1

أسبلت «إخلاص» عينيها المتعَبتين، فعيشتها مع حماتها لا تُطاق، غيرة الأم على ولدها جعلت إخلاص تنفر منها. فكيف تنسى «صباحيّة العروس»، عندما استقبلت ابنة حماتها وقد أرسلتها والدتها إلى إخلاص لتنغص أول يومها كعروس.. دقت الفتاة الباب بهدوء وحرج مقتنعة بأنّ ما تفعله هو أكبر خطأ ولكنها لا تستطيع رفض أمر من أمّها.

دعت إخلاص للخروج إلى الصّالة وكانت هذه أوامر الدّكتاتورة، لا حُبّا بها بل خصّيصًا لكي تنغص عليها صباحيّة العروس. لبّت إخلاص الأمر المُرّ وقلبها منقبض لتفاجأ بوابل من أعمال البيت التي أنيطت إليها: كَنْس، ومَسْح، وتغييرات كثيرة في المطبخ.

كانت إخلاص تتكلم بصوت متهدّج مع ابنة حماتها التي غلبها الإشفاق بدورها على زوجة أخيها ولكن لا حول لها ولا قوة أمام تسلّط والدتها.

والحقيقة، إن إخلاص كانت في بداية تعارفها بـ«عدنان» لا تعيره اهتمامًا، ولكي يحصل عدنان على قلبها، استغرق الأمر شهورًا لكي ينال رضاها.

وممّا لا شك فيه أن مَيْلاً خَفِيّا دفعها باستمرار نحوه، ومضى بدورة زحفهِ وئيدًا متواصلاً حتى تفتح قلبها للحب.

في كل مرّة يلتقيها يتفرّس في وجهها شوقًا، أحبّها بشغف كبير، وكيف ينسى يومَ آخرِ لقاءٍ قبل أن يتقدم لخطبتها، كانت ترتدي فستانًا أسودَ يكشف عن

ذراعيها وأكثر ساقيها وكان وجهها يَشِعُّ منه نور باهر. اتفقا على الزّواج والسّير على خطى كل عاشق في الاستقرار. خفق قلبه المحروم ونشط خياله الذي لم تبرحه الفتاة ذات القامة الهيفاء الطّويلة المُدلَّلة.. وغزته من أول يوم رآها وهي في طريقها إلى مدرستها.

لقد اكتسب سلوكه جرأة غير معهودة، راح يعد الأيّام حتى وافى يوم الخطوبة.

حضر مع أهله لطلب يدها، جلس في الصّالة يجول بعينيه في أرجاء المكان ثم استقرت عيناه على صورة كبيرة تتوسط الجدار، وكانت الصّورة المُكلّلة في غلالة سوداء لامرأة مسنة.. إنها جدّتها التي فارقت الحياة قبل سنة.

ولا ينسى أيضًا هيجانَه الجنسيّ في ليلته الأسطوريّة.. ما زال يذكر كل شيء كفيلم رسخ في ذاكرته.

عندما ارتدت ثوبها الكاشف عن صدرها وشعرها الأسود المنسدل الذي يغطي ظهرها ويمتد إلى خصرها. ولمّا اقتربت منه لم ينتظر حتى تستقرَّ بجانبه فشدّها إليه بقوّة ثم أحاطها بذراعيه وسجّل في تلك اللّيلة أول كلمة في صفحته الرّجوليّة المورّدة.

□□□

2

أخذت «خلود» صديقتها «حنان»، في كل تفاصيل حركتها وهي تُحضّر الشّاي بجسمها البضّ وأرداف خياليّة مكتسية بثوبها الأخضر الملتصق ببطنها الرّقيق الرّشيق.. خلود مثليّة إلى حد الجنون، ولا تصبر أو تخفي شهوتها لو مسّ أي شيء جسدها أثناء حركتها، فنهدها المرتفع مُعرّض للهيجان فلا وقت محددًا لديها، فالجنس عندها هو كل شيء.

عندما يهجم عليها الشّذوذ تكون في حالة إنذار قصوى فترمي ما في يدها من الأعمال وتبدأ وقت الرّاحة الجسديّة.

فما بالها وهي تحاول منذ فترة طويلة أن تطول حنان وتطفئ نار جسدها معها. الحقيقة أن حنان خطبها أحد الشّباب الذي وقع في غمار عشقها ولذّته الجنونيّة.. ويترقبها خلسةً عندما تقوم بحركة فتكشف عن ساقيها البيضاوين فينسى أنه ضيف ويتجاهل أهلها ويُرَكّز على أحلى قطعة ثمينة في البيت.

اتقاد نار شهوة «حنان» هو شيء روتيني وصريح.. ولكنها تتردد في أن تمارس مع البنات الأخريات.. تثير شهوة «خلود» بطرق خبيثة، تبرز صدرها أمام الأخيرة ليس القصد الممارسة معها فقط، بل لتدمير اللّذّة الباطنيّة لـ«خلود».

حانت من خلود التفاتة وتبعتها إلى المطبخ بعد مراقبة طويلة استنزفت طاقتها ثم انقضّت كأنثى النّمر من الخلف على حنان، متعطشة، متشوقة، أعيتها الغريزة الجنسيّة.. تبغي تقبيلها مهما كلّفها الأمر.

- هل فقدتِ عقلَكِ؟ (قالت حنان بصوت من الخدر والشّهوة).

- ما زلتُ أحتفظُ بشيء منه، أحبك.

ثم انهالت بسيل من القُبَل عليها، فاستسلمت حنان للأمر المُسلّي والمريح في الوقت نفسه.

حققت خلود حلمها، أطفأت نارها غير مصدّقة أنها وجدت مثليّة تحقق لها رغباتها المتوحشة. في قرية صغيرة لو كشفوا أمرها فالموت حليفها.. قرية تمنع الحُبَّ من نوع كهذا، وتعاقب عليه بالموت الأكيد. لكن بعض الرّجال المتشددين لا يعاقبونهن، لا لأنهم ملتزمون بالشّريعة بل لأن أيديهم إذا لم تطل عناقيد العنب فسيرمون العنقود بالشّتم والحموضة.. ولذلك فهكذا متشددون يُعبّرون عن حرمانهم للشيء من خلال التّعصب المُفتعَل والتّشدد.. وذلك من أخطر الأمراض النَّفسيّة التي تطبق الشّريعة لغاية أو منفعة شخصيّة.

البنتان لم تتجاوزا الثّلاثين، وتخفيان الأمر بكل ما أوتِيَتا من دهاء نَسويّ.. لقد قدّمت خلود ولعها العارم بالجنس مع حنان، ولكن كانت خائفة أن تُظهر شذوذها إلى أن التقت بـ«حنان» وأشبعت غريزتها.

والعجب أن حنان أسعدتها تلك الهجمة الأخيرة وكأنها كانت تنتظر هذه المتعة منذ زمن. فوُفقّت دائمًا إلى نفخ خلود بالخيلاء والأريحيّة والجنون، حتى باتت لها المستقر الوحيد في الدّنيا.

□□□

3

أمنية بريئة:

مَن لا يتمنّى أن يهنأ بحياة مواطَنة تحفظ له كرامته؟

ولكن أين ذلك الزّعيم؟

متى ستتكرّر تجربة عبدالنّاصر أو السّادات لكي ينتفخ المواطن وينفض عن كاهله ذُلّ العصور، ويأوي الأعداء إلى الجحور وينسى العباد شر الحروب، لتصبغ النّساءُ شعورهن بالحنّاء فتحل الحمرة الدّاكنة المتفرّدة محل السّواد التّليد والبياض الوليد؟

الرّبيع العربيّ..

تنّين خرافي أم رؤيا تحرريّة للشعوب العربيّة غيّرت البلاد نحو الأسوأ؟

❑❑❑

هناك، على أراضٍ لم تتعود أن تستقبل تلك الأحداث، حركات تحرريّة اجتاحت مرافقها ابتداءً من تونس الخضراء، حيث بدأت الثّورات. وتحت أفراح صانعيها تمتد خطاها كشِباك العنكبوت إلى مصر وليبيا، وأسقطت بنجاح طغاة وفراعنة، أنهكوا حتى كرسي الرّئاسة من ثقل أوزانهم التي أجهزت على أرجل مقعد الرّئاسة، ولكن جماد الكراسي منعها من الصّراخ.

عائلة «عدنان»، لا سيَّما زوجته إخلاص، كانوا فريسة للذّهول، فماذا لو تطول هذه النّزوة الثّوريّة العربيّة بلادهم؟ بلاد «البعث» التّليد والمجد الوحيد.. فهل ستمر أيّامُهم على خير أم سيُقصَى «البعث» ويندثر كما حدث في العراق؟

اختلطت الهموم الشّخصيّة بالهموم العامّة، وصدّق الكثيرون أن همهم أصبح واحدًا ولكنه ذو أسماء متعددة، ألن يكون سلاحهم في السّلام نفسه؟ في الدّيمقراطيّة، أو حتى في الشّريعة الإسلاميّة؟

فالأهم ألّا تعاد تجربتهم في حماة، التي أسهمت في تجميع الثّمار المُرّة الرّاهنة. ها هي الأفكار تتحاور وتتصارع، وتتطور من منابر إلى صريحة. وها هو الشّعب كمارد يحطم قمقمَهُ، وإذا بسمائهم الزرقاء تمطر دهشة أنست كل ذي هم همَّهُ، دهشة أسطوريّة لم يتصورها خيالهم من قبل.. دهشة تتميز خواصها بالخوارق، وسجايا المعجزات، ونشوة الأساطير عندما أعلنت أول ثورة سلميّة في «درعا»، مهد الثّورة السّوريّة.

□□□

4

المظلوميّة وقعت على الشّعب الكادح بالتّساوي..

«إخلاص»، قصتها مع والدها مليئة بذكريات مؤلمة، جارحة كجرح نازف لا يتوقف نزيفه. قبل أن ينتقلوا مع زوج أمّها إلى أمريكا ويحصلوا على أوراق الإقامة، ثم عادت هي بسبب حبّها لوطنها وتقاليده.. والدها الذي تركهم صغارًا لكي يلتحق بحرب تشرين 1973 ولم يسمعوا عنه بعدها أيّ خبر لسنين طوال.. حتى اضطرت والدتها إلى أن تتزوج من رجل ثانٍ، كاظمة دواقها بسلك صعب، أمرت قلبها بأن ينكسر وحده وفي صمت جليل وبأن يتشرب أشنع الآلام كما لو كانت ماءً عذبًا. ودفعها زواجها الجديد إلى ضربين من الجنون. جنون صمت وكبرياء غزا الأم. كانت مشتعلة القلب طيلة الأعوام الماضية. ولكنها بادلت زوجها الجديد هيامًا بهيام، وأضافا إلى أحاديثهما المألوفة موضوعات جديدة عن وصفات ناجعة لتجديد الشّباب. وحصل ما لم يكن في حسبان الجميع..

رجع والد إخلاص بعد تبادل الأسرى مع إسرائيل عام 2001 ليعود طليقًا مستبشرًا بالأيّام المقبلة التي ستعوضه خيرًا مع زوجته وأطفاله. رجع إلى «الحجر الأسود» مع آخر شعاع للشمس يتقلص مودعًا السّماء الهادئة. ولكن رجوعه لم يكن هادئًا؛ فأهل المنطقة ينظرون إليه مندهشين وبعيون تكاد تخرج من محاجرها من هول المفاجأة.. وبارتياب كبير يتساءلون: هل

هذا محمود الفروح الذي سمعنا أنه قد استشهد في حرب تشرين؟ كيف؟ وأين؟

استقبله البعض بفرحة كبيرة والبعض الآخر ظل حياديًّا لا يلوح بحزن ولا بفرح، من شدة المفاجأة غير مصدقين.. حتى ولو كان هذا محمود الفروح فكيف سيكون وقع الخبر على أهله؟

سُرِّ برجوعه إلى وطنه سرورًا عميقًا ليتمتع بالحب والدّفء، واستهان بسّنين مصابه غير أنه يشرد أحيانًا وهو ينظر إلى المتبقي من جسده الفارع الهزيل فيذكر نشاطه وقتاله الباسل مع العدو وكيف أبلى فيهم بلاءً لا مثيل له، ثم يختال ما تبقى من شبابه وجماله فيهزج قلبه بالأشجان الخفيّة. وتخلف في أعماقه ميل جديد إلى الحياة الجديدة وهيمنت عليه روح التّحدي وتعويض أسرته ما فاتهم من العمر.

فوجئ جميع أفراد أسرته بعودته، وكانت صدمة لا توصف لزوجته، وأيضًا زوجها لم يقلّ دهشةً عما يراه: «ربّاه.. هذا زوج زوجتي فأي حظ وأي قدر يكافئني الآن؟».

فهل يفرحون بعودة الأسير الشّهيد، بعودة مفاجئة لم تخطر على بال أحد؟

من المفروض أن يفرح الجميع لا أن يُفاجأوا بهذا الظّهور وكأنه شبح ميت زارهم على غفلة في وضح النّهار.

علم محمد الفروح، والد إخلاص، بقصة زوجته فتجهّمت أساريره، ودهمه جَوٌّ فائرٌ بالبلبلة، داخل رأسه تصخب بأصوات الماضي والمعتقلات وصدحت أصوات التّعذيب الجهيرة المتضاربة وكأنه يعيشها الآن.. فقد اختفى كل شيء أمام عينيه وأُسْدِلَت أستار الماضي أمامه وبات كأنه يعيش النّكسة من بدايتها. واستعرض أمام عينيه انتصار إسرائيل، التي ما كانت

لتنتصر إلا بالتّوراة، فالحرب يجب أن تكون بالقرآن، موازين اختلطت ببعضها ومشاهد قتل زملائه وتوديع أسرته كلها هاجت في مخيلته حتى عاد إلى وعيه ليرى نفسه واقفًا أمام أسرته داهشين حتى وقع صريعًا فاقدَ الوعي على الأرض.

❏❏❏

5

هَوْلُ المفاجأة القاسية عليه هدم كل آماله.. اشتدت معاناته أكثر بعد أن طرق باب الحكومة ليساعدوه، لعلهم يكافئونه على بطولته وعلى عمره الذي أفناه في المعتقلات الإسرائيليّة دفاعًا عن أرض الوطن وسيادة العرب ورؤسائه، ولكن الدّولة خذلته حيث لم تُصرف له معونات ولا مكافآت لسنوات الأسر التي قضاها داخل السّجن. أظلمت الدُّنيا أمامه.. كل السّفلة جالسون يحكمون ويتمتعون وهو لا يكاد يجد ما يسد به رمقه. لقد غالَى الرّئيس في تكريم القادة الكبار بالمال والأوسمة، التي أثقلت صدورهم الجوفاء، متناسيًا الجنود الذين لولاهم لَمَا قامت دولته ولا جلس على الكرسي ليحكم. وبعد رفض المؤسسات النّظر إلى طلبه لصرف استحقاقاته المفروض أن يتسلمها كمواطن ضحّى بكل شيء من أجلهم، تجلّى طفحه في الوجوه في صورة كبرياء جريح.

ركبه جنون الإحباط، ولم يتردد في أخذ مطرقة حديديّة والتّوجه إلى الصّنم القابع في وسط السّاحة وانهال على قدم «الأسد الأب» بضربات تليها ضربات أقوى من سابقتها وعيناه يتطاير منهما الشرر، وما إن حاول الارتفاع إلى الرّأس لضرب بُوز الرّئيس حتى اجتمع عليه رجال الأمن وأشبعوه ركلاً وأوسعوه ما استطاعوا من ضرب حتى أخفت الدّماء وجهه من رأسه.. ثم لحظات واختفى من السّاحة كأن شيئًا لم يكن.. وغطوا قدم الأسد المكسورة ببقايا الورود لحين إصلاح ما تكسر. ومنذ ذلك الوقت لا أحد يعلم مصير والدها إلى الآن.

هذه هي قصة إخلاص، ووالدتها التي لم تنسَ هذه الأوجاع.. ولم تنسَ إخلاص حِضْنَ والدِها الذي أثار عاطفتها إلى حد الجنون بعد رجوعه، فقد كانت صغيرة، ولو كانت بعمرها الحالي لاحتفظت به ومنعته من الذّهاب إلى مصيره المجهول؛ فالعمر قصير، والعذاب كبير، فإلى أين المصير؟

□□□

«حنان» أخذت على عاتقها زيارة «خلود»؛ تعوّدت على حبيبتها الجديدة ولا تكاد تفارقها حتى تلتقي الشّفتان وكأنهما تلتقيان لأول مرة.

لا تستطيع الجهر بمثلِيَّتها، فالقلوب ثقيلة، والأنفس مريرة، والأفق متجهم، والشّهوات مكبوتة، وأحلام اليقظة مرهقة. ولكن كل هذه الخطورة لم تنل من الاثنتين عُشر معشار شجاعتهما، ففُتنتا ببعضيهما حتى أوشكت «حنان» أن تفسخ عقدها مع زوج المستقبل، ولكن لقلقها من افتضاح أمرها قررت تأجيل ذلك مرغَمة.. لم يعد لها رغبة في الزّواج.. ولو تسنح لها الفرصة الذّهبيّة لما تأخرت في الانفصال.

أمّا «خلود» فتعتبر «حنان» بالنّسبة لها تلك البنت التي وهبتها حبًّا بهيميًّا غريبًا خارقًا للمألوف داخ به جهازها العصبي المختل لسنين متعطشة للجنس الفاحش. خَبَرَت معها راحة متجددة، وأنانيّة متسلطة، وخيلاء معربدة، وحبًّا غير مألوف، تتحدى الأكليشيهات الشّعريّة الجارية، انتشلتها «حنان» من مخالب أزمتها ووحشتها للجنس وفي الوقت نفسه رسّخت رؤيتها المتمردة.

في زماننا قد يُعاقَب الرّجل على الخيانة ويفتضح أمره بين العامّة، لكن هنا حنان على ثقة تامّة بأنها بخير؛ فهي مع أنثى وليست على علاقة جنسيّة مع

رجل، ولن يخطر على بال أحد أنها شاذة. كانت تتظاهر بالحب لخطيبها ولكن حناياها درت لوعة على «خلود».

❒❒❒

بدأت حدّة المظاهرات تزداد وتيرتها، مظاهرات سلميّة ولكنها بدأت تُقلق المواطنين، الأمن تدَخّل وبدأ بإطلاق الرّصاص الحي، وأول دم شهيد زخرف تراب «درعا»، ورحبت القبور بالشّهيد القادم.. فغضب الشّعب ولم ينتظروا الإبادة فثاروا على الدّكتاتور.

ثم ما لبث بعد شهور أن بدأت القذائف تتساقط على السّكان كالمطر الحارق، تسكُب حريقًا.. مطر قاتل، لكنّ السّماء هذه المرة بدلاً من أن ترمي زخات مطر، كانت تقذف الموت الجهنمي الأحمر.

عربدة القتل طالت النّاس، وانشق «عدنان» وانضم إلى صنف ما يُدعى بـ«الجيش الحر»، الذي تأسس بعد سنة من المظاهرات السّلميّة وضم الآلاف من المقاتلين المنشقين والأهالي ممن سيقودون قتالاً غير اعتيادي على أرض الشّام.

❒❒❒

خاضت عيناها خضم الحزن الشّامل، فنسائم الأمان مفقودة، ولا شيء غير خيال القتل والدّماء يهفو إلى وجدانها.. إنها تفتقر للحبور القوي واليأس بدأ ينخر في أحشاء جسدها.. أخفقت في إخفاء مشاعرها الخائفة خلف جفنيها المُسدَلين.

- أليس من حل آخر؟ ألا يوجد حل للسلام يا عدنان؟

مطّ بُوزه وقال ساخرًا:

- أيّ سلام؟!

الحرب اندلعت، هذه البيوت الآن ترينها قائمة.. وبعد فترة ستستوي مع الأرض، لن تَرَيْ غير أرض مستوية تحمل أنقاضًا وأشلاء.

- ولكنها ثورة سلميّة.. ألا تريدون السّلم؟

ضحك عدنان ضحكة عالية باستهزاء ومرارة قائلاً:

- إخلاص.. ألا تعرفين حُكّام العرب.. أم أنت ساذجة.. دخلت السّجن بسبب زواج بدون موافقة فقط لأنك كنت تحملين أوراقًا أمريكيّة، ولولا الواسطة وتخليكِ عن أوراقك لكنتُ الآن تحت الأرض من أثر الحرب النّفسيّة.. أنتِ لم تَرَيْ كيف يُعذّبون الرّجال.. كانوا يتباكون كالأطفال ولا من مغيث. فما بالنا الآن وقد قلنا «لا»؟

اسمعي جيدًا حبيبتي.. حزب الله وإيران سيتوغلان في القضيّة لإخمادها، عندها المعارضة لن يكون لها خيار سوى السّلاح، وستدخل فصائل متعددة لا نعرف مصادرها ويضيع الحق من الباطل، هذه فقط البداية.. القتل والاغتصاب سيطول الشّعب، ولو بقيتِ هنا ستحل عليك لعنة «البعث».

- وهل أنتَ مقتنع بهروبنا؟

- كل الاقتناع يا إخلاص.. (قالها بتذمر وقد أشاح بوجهه نحو الحائط بحزن).

□□□

الخطر قابع على الحجر الأسود.. و«حنان» ترفض طلب خطيبها بالزّواج السّريع والرّحيل من البلد.. أهلها أصرّوا أن تتزوّج وتهرب معه، لكنها تحججت وأعربت عن رغبتها في تأجيل الزّواج.

ومع اشتداد القصف اضطرت العوائل إلى النّزوح إلى أماكن آمنة. ولشدّة

حب «حنان» لـ«خلود» قررت أن تطمئن عليها، ولعلّها تكون الزّيارة الأخيرة.. ولم تأبه حنان بالقصف وانتظرت أن يخف الخطر والقصف ومِنْ ثَمَّ غامرت وخرجت مستغلة انشغال أهلها لتذهب إلى خلود.. ولا يفصل الدّارَيْن سوى سور صغير. فتحت خلود الباب وفرحت لمقدم صديقتها غير مصدّقة، فاضت أساريرها متجاهلة خطر القصف، ورحبت بها ترحيب المستغيث وأسرعت بها إلى غرفتها باشتياق. انهالت حنان بمصمصة شفتي خلود غير مهتمة بأجواء الخارج، ولكن لم تطل السّعادة كثيرًا حتى انهال على البيت قذيفة لتُفجّر قناني الغاز التي أشعلت كل شيء وانفلقت لتُحيل البيت إلى أكوام حجارة ورماد من أثر سقوط القذيفة.

سارع الأهالي لإسعاف السّاكنين ولكن بعد إخماد الحريق كان كل شيء منتهيًا فالجثث غدت متفحمّة ولم يُبقِ الانفجار على شيء لينجو.

□□□

6

اندثرت شخصيّة إخلاص الصّفراء المهزولة الخائفة وحلت محلّها شخصيّة تضطرم بالعافية والثّقة، تلاشت روحها الجبانة مكفّنة في الهزيمة، وخلقت روحًا جديدة تختال بالحبور والإلهام، تبخّر يأس الهزيمة وذلّ القهر وانكسار القلب وهزجت نفسها بسكرة التّناغم مع الذّات والحياة وللكون، فقد اقتنعت أخيرًا بمصطلح الحريّة، وأنها أُمّ وعليها أن تحافظ على أطفالها من الموت.

◻◻◻

وفي الفجر التّالي:

اتفق الضّابط المنشق على شروط مع «الجيش الحر» قبل تنفيذ خطة الانشقاق.. أول شروطه تأمين تهريب عائلته قبل أن يعلن انشقاقه رسميًّا (زوجته وأطفاله)، فالبنت الصّغرى تبلغ سنةً وشهورًا ويجب عليه أن يقلق عليها أكثر، حيث كان على أمّها أن تتحمل مشقة حملها وهم يتجهون عبر الحدود إلى الدّولة المجاورة التي هي أكثر أمانًا عبر تل شهاب.. التي هي في آخر نقطة حدوديّة في سوريا.

لم تكن إخلاص موافقة في بادئ الأمر وفضّلت الموت في مدينتها على ترك البلد، ولكن زوجها عمل جاهدًا لإقناعها بضرورة الهروب، وإلّا فالنّظام لن يقتلها وحسب بل سيغتصبها كما فعل مع عوائل المنشقّين، بل أحرق «الشّبيحة» أطفالهم وبيوتهم بلا رحمة ولا ضمير.

ضغط على راحتها بحنان قائلاً:

- اسمعي إخلاص.. لو انشققت فالنّظام سيحرقكم أحياء، ولن يتغير الوضع إلى الأحسن.. تم تشكيل الجيش الحر وبدأ القتال وستحرق الحرب كل شيء.

لم تنبس إخلاص بأي كلمة، تعلم بأن البلد سينتهي أمره واليوم أفضل من القادم، وإلا فلن ينفع النّدم.

◻◻◻

وفي الفجر التّالي انطلقت سيارة أرسلها عناصر الجيش الحر إلى عائلة عدنان وأخذت إخلاص وأطفالها الثّلاثة، اتجهوا في سيارة الجيش إلى حقول درعا القريبة من تل شهاب، وهناك ترجّلوا ليكملوا النّزوح قاصدين البلد الآخر.

الطّريق كان مليئًا بالنّازحين الفارّين من القصف، وتحت غضبة القصف الذي لا يرحم كانت هناك سيارات مدنيّة للجيش الحر تُسعف المصابين.. حيث اضطر النّازحون إلى اللّجوء بين الحقول ليصعب على الجيش النّظامي اقتناصهم.

حلّ الظّلام.. في منتصف اللّيل وقبل البدء بالمشي تم تخدير الأطفال بواسطة أقراص النّوم ليتجنّبوا مشاكل البكاء، لأنه سيؤدي إلى كشف أمر النّازحين وأماكنهم وهم يحاولون الهروب.

تمتمت إخلاص بفتور محدثة نفسها:

- يا حظي العاثر.. لو أبقى سأموت مع أطفالي، أو يغتصبونني.. وإن اخترت الرّحيل كمان سنُقتل.. «يا رب لطفك مش مشاني.. مشان الأطفال».

ثم أكملت المسير مستعينة بذكر الله والتّوكل عليه..

الحياة مقفرة لدرجة الرّعب، وهذا الإحساس المتغلغل في الأعماق بالإحباط، والحزن وخيبة الأمل.

- هل أستطيع الحياة بخواء شامل وقلب مُعذّب؟ و إني لأتحرى كلما وجدت للتحري سبيلاً.

كانت تلمح مخايل الزّوجيّة.. ما زال أسير الحب يرزح تحت أغلاله الصّلبة.

الوطن يموج بتيارات جديدة الآن، تيار ديني عنيف، تيار يساري، وتيار فاشستي حاد، حيّرت إخلاص طويلاً بين المبادئ.

والأمر الآن قد فلت، فليس لك أدنى اختيار، تكون مع هذا يقتلونك، وتكون مع ذلك سيقتلونك أيضًا و يتهمونك بالرّدّة والكفر.

من سيمدّها بأخبار عن زوجها وكيف سيلتقيان؟ إنه يقاتل وعائلته تقاتل مع النّزوح لكي تنجو وتعيش.

«نموت أو ننتصر».. ضحكت إخلاص في نفسها وفي صمت غامض رددت بسخرية: «نموت أو ننتصر».

كان بمجرد أن يمر اسم حزب البعث على بالها تتزلزل، بعنف يقظة كاسحة. اندفعت في مجال التّذكر والاستجواب تحاول التّحرر من الجاذبيّة. انقلبت إلى شخص آخر تلهو بقدرها وقدر أطفالها بلُعب عقيمة وأحلام متهورة وتناجي مرة أخرى المستحيل.

الطّريق طويل، وفي حِضْنِها ابنتها غارقة في النّوم من أثر التّخدير، لكي يمرّوا بسلام و يصلوا إلى برّ الأمان. ابنتها الصّغيرة ما ذنبها. أمّا ولدها والبنت

الكبرى فكانا يمشيان رغم التّعب ولكنهما أثبتا قوة عجيبة في التّحمل، ولكن التّعب قد أنهكهم فهذا المسير الغاضب ثقيل عليهم وليس بسهل لأنه ممزوج بالرّعب.

صاح جندي من الجيش الحر بعد أن وصلوا منطقة الأمان:

- لقد وصلنا، ها هي الحدود قريبة وجيشهم ينتظرون وصولنا يا شباب فلنشدّ الهمم ونوصل العوائل بسلام.

7

«وصلت الفتيات الجميلات».. قال أحد الجنود لرفاقه من الّذين يرابضون على الحدود، وهكذا انتشر الخبر كانتشار النّمل على قطعة سُكّر بين الجنود، واقتحمت شهوة نفوس بعضهم وشُلّت رجولتهم، والتهمت أفكارهم العارية، حيث كانت بعض الفتيات يخضن مغامرة النّزوح وحدهن، هربن من شدة القصف وخوفًا من الموت. وهناك نساء نجون بعد مقتل عوائلهن.

كتب بعض الجنود أرقام هواتفهم على قصاصات ورقيّة واستعدوا لتوزيعها على من يجدونهن راغبات في ذلك.. وإذا رفضت يُصعّبون دخولها إلى المخيمات، والتي تقبل العرض فإنها ستُبتلى ببلاء آخر.

□□□

ميساء:

فتاة في مقتبل العشرينيّات، شقراء ذات قامة هيفاء تتمتع بزرقة العينين كسماء صافية.. يعلوها الحزن لأنها فقدت أهلها من جراء القصف ونجت بأعجوبة. عزباء هربت من شر الحرب. اقتنصها آمر المعسكر، وهو برتبة جنرال، وأوصلها إلى إحدى الخيام بنفسه، اعتلته رغبة الجنس وأخذ على عاتقه تبنّي قضيتها نظرًا للنفوذ العسكري الذي يتمتع به فلا يستطيع أحد أن يوقفه.

المعسكر لا يخلو من أمور الاستغلال الجنسي، وكأن المكان قد شيّده شخص واحد يتاجر بحياة اللّاجئين.

❑❑❑

قصتها معه أعظم مأساة.. رغم ألمها على فقدانها لأهلها، فإنّ الأيّام لم تعتقها من الدّمار النّفسي والجسدي أيضًا.

فبعد أيّام من وصولها، اختلى بها في إحدى الخيام التي اختارها لها، وكان حارساه الشّخصيّان يحرسان مدخل الخيمة.. قدم إليها بحجة أنه أنجز أوراقها، توقف متمهلاً ثم قال عادلاً مما كان في نيته قوله:

- أوراقك اكتملت ميساء، وقد تكفلتك لأخذك للعيش في منزلي.. إنه مكان آمن وستكونين في حمايتي، وكل احتياجاتك مُجابة.

غضّت بصرها لا تكاد تسمع هسيسًا لها، أجابت بشيء من الخوف:

- شكرًا سيدي.

وكان يقترب منها وهو يتكلم ويحتك بها كالحصان، حتى بدأ شعر لحيته يشك خديها وذقنها. ومن ثدييها انتشرت رائحة شديدة كرائحة اللّبن المتخثر واللّوز الفج. وشم الرّجل الرّائحة، يتصرّف وكأنه فيه مس من الجنون، فانتفض وتراجع عن المرأة ودفعها بعيدًا عنه. وكاد يصفعها على وجهها، لو لم يمسكه بعض التّردد. جال بصره على صدرها المرتفع واقترب ثانية حتى كاد أن يلمس نهديها قائلاً:

- اخترت لك هذه الخيمة لأنها بعيدة عن بقيّة الخيم.. جنودي يحرسون في الخارج، أيْ لا يجديك الصّراخ نفعًا.. أنا الآمر والنّاهي هنا.

ثم لمس صدرها بجسارة المتوحش، لم تجد مفرًا منه وأكل الخوف منها حتى

أجهشت بالبكاء.. لم يُبالِ فشَدَّها إليه حتى بدأ يشمها كالقط المتوحش غير آبِه برجائها.

- لا تخافي ستكونين لي ولن يمسّك أحد بسوء.. ستسافرين إلى العاصمة وستسكنين في أرقى منزل هناك.

وصمت مرة أخرى. وغمس عينيه في عينيها الزّرقاوين وأحرق وجهها بأنفاسه اللّاهثة. حاولت المسكينة أن تدير وجهها لكنه أمسك برقبتها بقوة حتى لا تتحرك.

أرادت أن تصرخ فكتم أنفاسها.. ثم أزاح يده عن فمها بابتسامة خبيثة ليسمح لها بالصّراخ قائلاً:

- اصرخي.. سأتنحى عنك لتصرخي.

وما إن تنحى عنها حتى صرخت مستغيثة ولكن بلا جدوى حتى خنقها اليأس فسكتت. وفجأة شد قبضته على رقبتها حتى اختنقت وبدأ يعوي:

- ألم أقل لك إن الصّراخ لا يجدي، فأنا الرّئيس هنا صغيرتي.

وبدأت تزر رداءها الذي انفتح عند صدرها لكن الضّابط قفز فوقها وأمسكها من رقبتها وألقاها أرضًا.

وقالت وهي تطلق صرخات حادّة مبحوحة:

- اتركني.. اتركني.. أنا أمقتك.

وغمغم الرّجل وهو يغرز أسنانه في رقبتها:

- لا يهم. المهم أنت دخلتِ قلبي والبقيّة لا يهم.

وصارعت في يأس لتفلت منه، قدماها وقبضتاها وأظافرها. وكانت سيقانهما

تتشابك وتنفصل من لحظة لأخرى، وشيئًا فشيئًا تحوّل صراعُهما إلى تماسك الجسدين، ورائحة الضّابط المشبّعة بالعرق في جسمه كانت شديدة وطاغية فغلبت المرأة وبدأت بالصّراخ من جديد. الجنديان في الخارج كانا يبتسمان ببرود حتى قال أحدهما:

- عمنا الهُمام لا يهمه المستحيل.

أصابته الكراهية بالجنون واستولت عليه رغبة جارفة في أن يجرها أرضًا ويدوسها بحذائه ذي الحديد. وأمسك بردائها وجذبه بعنف حتى مزقه.

وبرز ثدياها ناصعين مبلّلين مشدودين. وأمسكهما الرّجل في يديه وفقد صوابه. وأطلقت المرأة صرخة ضعيفة وشحب وجهها وغامت عيناها وهمست:

- لا، لا.

كان صوتها إذ ذاك خافتًا، فيه رنّة توسّل، وثدياها يذوبان ليس لذّه إنّما ألمًا. ثم ألقت ذراعها على الأرض ويداها مفتوحتان، وتوقفت عن المقاومة، وأغمضت عينيها. كان الرّجل يصهل كالحصان:

- أنتِ لي، أنتِ لي.

لم يبقَ في وجهه شيء إنساني، تحوّل إلى شكل الغوريلا الأولى التي تلهث وراء اللّحم الأبيض.

□□□

رتّب هندامه ثم قال قبل أن يغادر:

- سوف تخرجين من هنا وستكونين معي في الفيلا الجديدة.. لن تندمي أبدًا.

نظرت إليه بنظرة كراهية، ناولها منديلاً، أخذته بقوة وبدأت تمسح فمها

ورقبتها وصدرها في غضب شديد، وامتلأ المنديل بالدّم. وتابعت الرّجل بطرف عينها. كان إذ ذاك يدور حول نفسه كالدّب، ويزوم، وذراعاه تتأرجحان وجبينه مقطب. ودفنت المرأة رأسها بين ركبتيها وهي تهمس:

- اللّه يلعنك.

ثم غادر الخيمة مع الحارسين ووصى أحد الجنود أن يكون بجانبها ويلبي طلباتها وألّا يُفارق مدخل الخيمة مهما حصل.

انتفخت عروق صدرها وساقيها، وأخذت تدق جسدها كالسّياط. وبعد ذلك جاء سكون عميق. كأنما سقط العالم في الهاوية.

كانت عمليّة اغتصاب غير متوقعة، فالذّكر ذو الشّعر الكثيف كان غائبًا عن نفسه بعد العمليّة، لا يعي ما يفعل أو يقول ببزته العسكريّة، يلتهم بشراهة بشفتيه الدّاميتين هذا الجسد ذا الرّائحة النّفاذة والملمس النّاعم كالقطيفة، ويهدل كالحمامة بصوت رقيق خافت لم يعد يشبه صوته:

- صغيرتي، صغيرتي.

كم من السّاعات مرت بعد العمليّة، انفصل الرّجل عن البنت، جلست على الأرض وفجأة أخذت البنت البائسة رأسها بين ركبتيها واستولى عليها شعور بالغثيان. شعرت بأنها سقطت في حظيرة خنازير، وخُيّل إليها أن القذارة تغمرها، بحيث لا يمكن أن يغسلها أي شيء.

□□□

يومًا بعد يوم تزداد أعداد الخيام، واللّاجئون في تزايد دائم، فكرت ميساء بقبول عرض الضّابط بالانتقال إلى العاصمة.. وسيكون لها ذا فائدة بسبب علاقاته الواسعة في الدّولة. وسيتكفلها ولربما سيتزوجها، هكذا كانت تفكر في ظل

أزمة الرّحمة التي عصفت بها الأقدار.. إنّها مُحطَّمَة.. لا تُدرك ما يجب فعله.. انتهت منذ أن فقدت كل شيء.. ما يحصل الآن ليس نذير شؤم ولا تدري كيف سينتهي بها الأمر.. بالانتحار أم سيعوضها الرّب خيرًا على صبرها؟

❑❑❑

استطاع عدنان أن ينقل عائلته من المخيمات إلى العاصمة بمساعدة من المسئولين في الجيش الحر. يزورونه بشكل دوري في مسكن قديم. حيث كان بيتهم يوغل في القدم، يبهت ويهترئ، حديقته محتضرة، أكلها الصّفار، أحد الضّباط المسئولين من الجيش الحر تعهد له ببيت جديد ثم وصّاه بالصّبر.

قامة إخلاص وطولها الميّاس كانا فريسة لأصحاب المحلات الّذين كانوا يراقبونها في الحارة التي سكنتها. وكثيرًا ما كانت تواجهها مشاكل التّحرش وكانت تصدها بشجاعة أنثى شرسة.. جمال ركبتيها كان يبهرهم، وجسدها الانسيابي وكأنها ريم البريّة بمشيتها الأنثويّة الرّائعة.

وكيف لا تزيدهم مشيتها شهوةً وهم يرقبون ارتفاع وعلو الثّديَيْن وانتظام البظرين ورونق السّاقين الملساوين. العيون ترنو بكل ما أوتيت من شهوة والوجوه باتت حمراء تكاد تنفجر من كبت الحرمان. الجزّار والبقّال وبائع الخمور كانوا أشد المتلهفين على نيل رضاها.

لم تكن تبالي بهم وكانت تمر وتتبضّع وتتصدى لغزل البقّال وعينيه الزّائغتين على مفرق نهديها، عينا إخلاص اللّاذعتان السّاحرتان زادتا من شغف البقّال وتشجع أكثر على النّيل من هذه الحسناء.

ولكن هل سيخيب مسعى هؤلاء الثّلاثة؟ وتنطفئ الجمرات تحت كثافة الرّماد؟

❑❑❑

8

كانت ظروف عدنان تزداد سوءًا تحت مطرقة الحياة القاسية، وفكر مرارًا في الهجرة إلى أوروبا. لم يفد من دروس الحياة ما يتوقعه العقلاء، اقتلع نفسه من مجرى الحياة المألوف المحفوف بالعقل والحكمة، وقرر أن يركب أمواج الجنون، والهجرة عبر البحر إلى أوروبا. إخلاص كانت كعادتها تثور على أفكار زوجها الجنونيّة.. الخروج من سوريا قد وافقت عليه، وسكنت معه في بيت لا تسكنه حتى الحيوانات، ولكن أن يتركها مع 3 أطفال ويهاجر فهذا أمر محظور وبلا شك، فكيف سيتركها بين الذّئاب، بل حتى الجزّار والبقّال وبائع الخمور لا يعتبرون لزوجها وزنًا عندما يغازلونها، بل حتى لا يأبهون بوجوده معها في السّوق، ولم يمنع ذلك من النّظر إليها بشغف.. فكيف لو سافر؟ إنهم يتسابقون للنَّيْل من جسدها ولو تركها وحيدة فماذا سيحصل في هذا البلد الغريب؟

- محال الذّهاب، أجادٌّ أنت أم تمزح؟

- بقاؤنا لا جدوى منه، نحن هنا كالحشرات يدوسون علينا ولا نتكلم، قررت أن أترك الجهاد والثّورة، فلا نهاية لهذه الحرب الضّروس.. ولن يكون هناك غالب أو مغلوب.. القوى العظمى ستنهي الشّعب والبلد، فلو أرادوا إزاحة النّظام لأزاحوه في غضون سويعات كما حصل في ليبيا، ولهذا السّبب توقفت عن القتال في صفوف الجيش الحر.. المعركة ستطول أكثر مما كنا نتصور.

- وهل استيقظت الآن يا حضرة الزّوج؟ أين كانت تلك الأفكار قبل

الانشقاق.. أوَلَم تفكر بنا؟ ثم رفاقك هم من ورّطوك وعليهم إيجاد عمل لك.. لو فعلاً قلوبهم، كما يقولون، معك.. فقد خدمتَهم طويلاً واستفادوا من خبراتِكَ العسكريّة كثيرًا.

ضاق صدر عدنان ثم أحسّ بأنه يجب أن يسلم نفسه لشهوة الاختلاء بنفسه وغادر من فوره الدّار، تاركًا الباب مفتوحًا.

أغلقت إخلاص الباب في قلق وأسندت رأسها عليه.. وبدأت الأفكار المخيفة تعشش في رأسها.

❑❑❑

عزيز:

بائع خمور في الأربعين من عمره، يتمتع بحيويّة شّاب في العشرين.. بدين مع الميل إلى القصر، كبير القسمات، داكن السّمرة، شديد العشق والهوى لـ«إخلاص»، وقع في سحرها من أول أيّام سكنت هي في الحارة، وكانت نظراته لها تختلف في معناها قياسًا بنوايا الجزّار والبقّال. يعشق النّساء ويحبهن حبًّا جمًّا، ويعشق العرق كما الجنس، وحياته لا تخلو من العشق وسهرات الفاتنات.

كان يحب أن يكلم تلك الشّهلاء.. معجب بفتنتها، وتمنى لو يجد الطّريق أو السّبيل ليجعلها عجينة طيّعة.

مفتون بتضاريسها ولكن لولا أن زوجها كان المانع، لتكلم معها وأنجز مهمته. لا يهم إن طلبت إخلاص المال فهو يذرف كل ليلة النّقود على نساء الملاهي ولكنهن لسن بمثل أنوثة إخلاص. كالفرس العربي الأصيل، كل شيء فيها طبيعي لا سيّما السّاقين اللتين كلما خطت بخطواتها كأنها تغرز خنجرًا في منتصف خاصرته.

عاشقٌ للملاهي، يعشق صهريج النّساء وفي كل ليلة آخر الأسبوع يضع وردة في عروة جاكته ويتجه إلى ملهى الوردة الحمراء، زبون دائم لا تكل له عزيمة في إرضاء مومسات البار.

صريح، واثق الخطى، يتصرف كأنه دنجوان، يتخيل نفسه «رشدي أباظة» عندما كان يمارس الهوى مع هند رستم. ويعتبر إخلاص هي هند رستم بحد ذاتها.

«من لم تضاجع عزيز كأنها لم تتزوج ولم تذق لذة الجنس في حياتها».. هكذا يصف نفسه مختالاً فخورًا في جلسات العربدة معهن..

لم يترك نهدًا إلا وترك عليه بصماته، أما تضاريسهن والمنحنيات فمر عليها بجسده ولم يرحم، حنونًا مع المطلقات عطوفًا على الأرامل، يسمع هراء حكاياتهن باهتمام، يتعاطف ويتوحد ويتنهد ثم يفرمهن فرمًا قبل أن يَمَلَّهن سريعًا فيهرع لفتيات المدارس اللّواتي ترحب إحداهن بمشروب روحي مجانًا لقاء تسليم ما بين فخذيها لـ«عزيز» الخمّار.

وبالرّغم من إشباعه الجنسي فإنه يظل جائعًا، عيونه الجائعة ترغب في التهام نهدي إخلاص.. كل قسمات من أجزاء جسمها كانت تعني له شيئًا مميزًا.

عندما تتمايل الرّاقصة في رقصتها أمامه، تمر إخلاص كومضة الفلاش في باله، يتخيل إخلاص هي التي تشعل المسرح بدلاً من هذه الرّاقصة، مائعة، تضع سبابتها في فمها وتحدّجه بنظرات جنسيّة، يختلس نظرات إلى ساقيها الملفوفتين وهي ترقص. يتدلى فكه متابعًا خصرها وجسدها الانسيابي كحوريّة البحر. ثم تقترب منه وتضع رجلها اليسرى فوق فخذه.. يداعب من تحت الطّاولة ذكره مرددًا: «إخلاص.. إخلاص».. ثم تأخذ بالرّقص على

هذا الوضع. تدغدغ غدّته النّخاميّة، يحتقن يحاول أن يلمس ما بين فخذيها، تمنعه.. ثم تبتعد لتكمل رقصها في دائرة المسرح.

كل ذلك يتخيل إخلاص بحرقة ويمحو النّساء من قاموس رجولته إلا إخلاص.

9

أما الجزّار:

فهو قصة ثانية، بصلعته الباهرة التي أكلها الدّهر، قصير القامة، مدكوك الرّأس بدون رقبة تقريبًا، جاحظ العينين، لا يعترف بشيء اسمه صداقة.. مرة في شبابه حاول أن يضاجع ابنة خاله.. بعد أن تكفّله خاله يتيمًا وأسكنه في بيته.. حتى بلغ سن الرّشد.. لولا أنها سلتت نفسها وصدرها من بين قبضته وألقت بنفسها بعيدًا وأخرجت سكينًا من درج المطبخ ولوحت به في وجهه مهددة له بالقتل إن لم يخرج. عرض عليها زواج المتعة كما موجود في مذهبهم فازدادت غضبًا وهمت بغرز السّكين في كرشه لولا هروبه من المطبخ برشاقة الرّياضي المحترف.

رجل رضع من الزّبالة، تستهويه النّساء، يعشق هيفاء وهبي.. يعشق مؤخرتها.. تزوج الزّوجة الثّالثة التي تصغره بعشرين سنة.. كان هو في الخمسين وهي في مقتبل الثّلاثين.. وصفها كأنها النّصف الثّاني من «هيفا» برقصتها ودلعها.. كانت تعمل راقصة في أحد الملاهي فأُعجب بها وصرف «دم قلبه» لكي يرضيها ويضاجعها. حاول مرة أن يدخل عليها ويسجل حضوره الجنسي من دبرها فرفضت بشدة.. فاضطر ليلتها للخروج من البيت غاضبًا، وذهب إلى بيت إحدى المومسات التي كان يرتاده دائمًا.. حيث في بيتها أرخص اللّحوم من طافحات الأنوثة. استحلبته إحداهن كالبقرة حتى جاد بما يشتهي.

في رمضان يتظاهر بالصّوم ثم ينزوي في غرفته السِّرِّيَّة في داخل الدّكان والمؤثثة لتنفيذ عملياته الخاصة فيها. غرفته مغلقة دائمًا وقت العمل ولا يدري أحد خباياها. غرفة سريّة خلف الدّكان وبابها الثّاني يؤدي إلى الشّارع الخلفي، شارع صامت بعيد عن الشّبهات.. ذلك هو الجزّار الذي يدعي أنه من نسل آل البيت (صالح الموسوي).

□□□

جمعة البقّال:

الذي يحتل العبوس وجهه كأنه حنفيّة ماء كساها الزّنجار، رجل نحيف ذو أسنان سوداء من أثر مزاولة الجنس مع الشّيشة التي لا يلقيها ليل نهار. بخيل على أسرته وكريم مع المومسات، كان يلتقي مع عزيز (بائع الخمر) و(صالح الجزار). وكأن الله خلقهم ليكمل أحدهم الآخر. جمعة يعجبه الشّراب الذي يبيعه عزيز.. لم يكن يثق ببائعي الخمور نظرًا للغش الذي تفشى بينهم ويتبعونه كمنهج أساسي في شرف المهنة. لم يَقِلّ حبه للنّساء عن أي شخص آخر، يختار من هن في سن المراهقة ويتكابر في الاختيار كأنه عمر الشّريف في تتويج رجولته على مزارع النّساء. يجود لهن بالمال والذّهب ثم يمل ويكل ويوصى القوادة أن تأتيه بزهرة أخرى تنبض حياةً وخبرةً.. أكلُ التّفاح كل يوم ممل، لا بد من الموز والكرز والفراولة.

صارت إخلاص همه الوحيد رغم أنَّها أم لثلاثة أطفال.. وكلما ضاجع فتاة يرى صورة إخلاص مرسومة في وجهها.. ومضة فلاش تبرق فلا تنتهي لذتها.. كان يردد اسمها وهو مع أخرى، ثم تقول المومس ممتعضة: اسمي منى ولست إخلاص.

مع العلم منى عربيّة الطّراز، شعرها داكن وخمريّة.. من فئة الصّواريخ

عابرة القارات. صورها وهي عارية صنعت لها تاريخًا خاصًّا قبل أن يرميها ويستغني عنها. مغرم بالبودرة البيضاء، يتخلل الهواء صدره فيزيده نشوة واسترضاء..

يرجع إلى البيت متعبًا ويتقصد البول على دكان الجزار، ليفرغ مثانة ضاقت بحملها.. رفع جلبابه وزفر في راحة قبل أن ينفضه صوت كلب، ليرفع حجرًا ويخطئ التّسديدة لاعنًا الكلب وأباه. تيبس في مكانه مولّيًا ظهره لحائط مُصمت قبل أن يشد كوفيّة ويمد خطواته سالكًا الطّريق إلى البيت. عازمًا أن يصل البيت ليفرغ شحنته الجنسيّة الأخيرة في (وزيرة)، تلك الخادمة ذات العشرين ربيعًا من عمرها، تحت حجة (فاعل خير وكافل لليتيم) وكان دائمًا يتفاخر بهذا أمام زوجته ويشير بإصبعيه السّبابة والوسطى قائلاً: أنا وكافل اليتيم كهاتين في الجنّة.

ثم أغواها بالحشيش وفضّ بكارتها وهي في الـ17 من عمرها.. يضيق صدره من زوجته ويلجأ إلى المنقذة لكي تنفذ له طلباته الشّاذة لقاء إصبع «بانكو»..

دلف إلى بيته الواسع والأنيق، كانت الصّالة مظلمة، تفقّد أحوال أهله وكانوا نيامًا، ولم يكلف نفسه إلقاء نظرة الاشمئزاز على زوجته فشخيرها يوقظ البيوت المجاورة لو زرع الميكروفون في مناخيرها العريضة، إنها الآن في غيبوبتها المعتادة.

فتح غرفة نوم وزيرة، وهمس: (وزيرة..).. من ركن خاص بمخيلته، تسللت رائحتها لأنفه، وسوس خُلخالها في أذنه عندما كانت تتقلب في فراشها النّاعم.. سحلته ساقاها الجهنميتان النّاعمتان التي لم تلقِ بالاً لتغطيتهما، سبح في منبع نهديها، واعتصرهما عصرًا، أفاقت ثم همّ بتقبيلها:

- «تأخرتَ فنمتُ».. قالتْ مبررّةً وكأنها ارتكبت إثمًا في حق شيطانها.

- لا تقلقي ما دام الحمير نائمين.

مصمصت شفتيها وقالت بعيون ناعسة:

- الجنس لا دين له، دمّرتني، ألم تشبع ومتى تمل مني؟

- أشبع وأمل؟ يا أفعى، سم الجنس يدمرني بمجرد أن أتخيلك.

لثمها بقبلة ثم قامت واعتدلت، ابتسمت بجانب شفتيها، اجتاحت صدره عاصفة كادت تكوي رئتيه.. تسارع نبض قلبه واضطربت أنفاسه وتقاربت.. أخذ يقبّلها في جنون... أغمض عينيه واستغرق في شفتيها... كان اجتياحه لها أشبه برغبة مدمن، اعتصرها ثم بدأت تئن، وتصرخ صرخة خفيضة في لذّة مراعيةً عدم خروج الصّوت خارج غرفة نومها فتكدر نوم الأسرة المحافظة. احتضنها من ظهرها ثم دفن وجهه في شعرها، ظلت تئن حتى أنهى عمليته الإرهابيّة في دقائق.

قامت ثم ثنت ساقها اليمنى تحتها في استرخاء:

- كمّلت؟ ماذا سأستفيد أنا ولا تفكر إلا في إشباع نفسك؟

- تستفيدين هذا.. (أخرج كيس بودرة صغيرًا ومدّه إليها بابتسامة خبيثة).

ثم همّ بالخروج.. بصقت وراءه ولعنته ثم احتضنت سيجارة بين شفتيها وراحت تتأمل بنظرها سقف الغرفة المظلمة.

هذا هو البقّال جمعة، رجل في بداية الخمسينيّات وله قرابة وصلة رحم كبيرة مع الفياجرا المستوردة.

□□□

10

ظهور دولة الخلافة

باتت الأوضاع في سوريا لا تسر الخاطر، فبعد ثلاث سنين أو أقل ظهرت مجاميع تشعّب رأي النّاس فيها.. فبعضهم قال إنها من صنع إيران لحماية بشار وبعضهم نسب المجاميع المنشقة إلى «القاعدة».. ولكن حتى وإن صدق أحد الحدسين فكلها متعاقدة مع ملك الموت لإرسال الضّحايا إلى مثواهم الأخير، يقتلون وينحرون بدون أي تبرير، مستشهدين بآيات لا علاقة لها أصلاً بما يفعلون. تلك الأعلام السّود الغريبة وفي منتصفها الشّهادتان في دائرة بيضاء.. ترفرف على سياراتهم رُباعيّة الدّفع، وأسلحة حديثة لم تمتلكها الدول العربيّة من قبل.. بل استولت على مناطق واسعة من سوريا وها هي تخطط لدخول العراق.

لحاهم الكثيفة الشّعثة الكلحاء والمُغبّرة تتدلى، يتنقلون بين خراب البيوت التي لم تتبقَّ منها سوى الهياكل.. فأينما حلّوا أعلنوا ولايتهم وفرضوا الجزية وأخذوا النّساء كسبايا. وجوه أجرمت ولم تشبع بعد، أدمغة يعتليها التّخلف قابعة تحت عمامات سود تنسدل ضفائرهم منها ولا يبتسمون لأحد، التّكفير منهجهم، يزعقون بالحق وهم ليسوا أساسًا من أهله.

ينحرون كل يوم أناسًا بمختلف الأعمار بحُكم أنهم ارتدّوا عن الدّين..

ينتظرون التّنكيس، باديًا على وجوههم المرهقة من الحقد والكراهية أقصى آيات الوعيد.. ينهجون في عنف، يمسكون بالخناجر وتحت صيحات (الله أكبر) ينكّلون بالذّبائح من بني البشر أشد تنكيل.. ويُقذَف بالرّأس بعيدًا بركلة، بعيدًا عن الجثة.. تغرق الأرض بدماء الأبرياء كل يوم كشراب العنب القاتم.

من الّذين برزوا في هذه المجاميع بعد أن استولت على مناطق شاسعة من سوريا (رشيد).. أسمر اللّون، يغطي كتفه الشّعر الطّويل، لحيته كثيفة سوداء تغطي وجهه، عبوس الوجه وكأنه يحمل مشاكل الأمة على رأسه، قوي البنية، ضخم الجثة، على صدره شريطان من الرّصاص.

كان منشغلاً بتعذيب أحد رجال جيش النّصرة.. جندي لا يقل عن رشيد في ضخامته وقوته، انفجر العرق من جبينه حتى اختلط بخط الدّماء النّازل من شفتيه، اصفرّ وجهه وتعالت أنفاسه، وكاد يسمع نبضات قلبه بأذنيه.

اقترب رشيد بكماشته فتح فكّيها، وضع بهدوء سبّابة الضّحيّة، ابتسم في وجه الأخير بسخرية.. ما معناه أنّك هالك يا ضال، وضع إصبعًا آخر بجانب السّبابة.. ثم وبقلب بارد قضم إصبعيه، منهمرًا العرق البارد فوق جبين رشيد والغل يتطاير من عينيه، لم تكن صرخة فحسب بل سب وشتم خرج من فم الشّاب بشجاعة:

- والله لو قطّعتم رقبتي لن تثنوا من عزيمتي.

فعاجله رشيد بضربات على وجهه، رفع كفه اليمنى مبرزًا مكان العقلتين المفقودين:

- سوف أقطف أصابعك يا مرتد.

مدّ كماشته بين رجلي الضّحية وهمّ بقطع ذكره، حتى برز من الباب مسئول

كبير يغطي وجهه لحية شعثة استوقف رشيد وكان محاطًا برجال ملتحين يرتدون جلابيب قصيره سوداء مدججين بالأسلحة:

- على مهلك، لم يحن الوقت لقطع شريان حياته.

وقف المسئول البارز يتأمل بوجهه الغاضب وجه الضّحيّة، مال على وجه الضّحيّة الذي بدأ بالصّراخ، شد لحيته بقوة:

- يا ابن العاهرة سأبيدك كما أبدت مجموعتي.

النّزيف أرهق الشّاب، أخذت عيناه تظلم تدريجيًّا، هامد الحركة ثم فقد الوعي وفقد الاتصال بما يجري حوله.

أشاح المسئول بوجهه نحو رشيد:

- رشيد.. إذا لم يعترف تخلّصوا من هذا المرتد فالقصاص هو العين بالعين.

- أمر مولاي.

غادر مسرعًا وتبعه رجاله، التحق به رشيد تاركًا وراءه جثة نصف حيّة تنزف بمرارة.

قبل أن يستقل المسئول سيارته و يأخذ موضعه جنب السّائق قال موصيًا:

- رشيد.. موعد سفرك اقترب فلا تتأخر لكي تلتقي بإخوتنا هناك. واعلم أن عدد المجاهدين في انتعاش.. الخليفة مرتاح لتطوع الشّباب والتحاقهم بركب الدّولة الإسلاميّة.. ولكن رغم ذلك يجب أن نكسب الشّباب الّذين تم إحباطهم من قبل حكوماتهم، وتنتقي منهم من ظلَمه الدّهر وتهمّش في مجتمعه.

- أمر مولاي.

- الخليفة قد غضب من بعض توجهات الأحزاب الّذين ينسبون أنفسهم للإسلاميين ولكنه حريص أيضًا على أن نحافظ نحن على مكتسباتنا وقريبًا سنتولى قيادة دخول ولاية الموصل بإذن الله تعالى.. ولك مفاجأة هناك.

- نصر من الله وفتح قريب بإذنه.. (أردف رشيد معقبًا).

ابتسم رشيد بفخر، بعد أن لاح الارتياح في وجه قائده.. كان ذلك الحوار بداية تنوء بكل سوء ضامر في قلبيهما.. فهناك عمليات أشد جهنميّة في عالم غزته الأعلام السّود التي تتوسطها بقعة بيضاء، ونحر للرقاب يتم تحت راية لا تمت للإسلام بصلة.. تلك كانت بداية عهد جديد، عهد أعتى من العهود التي خلت ظلامًا.. ليست ماسونيّة، ولا فاشستيّة أو حتى نازيّة، ذلك العهد الأسود كَلَيْلٍ فَقَدَ نجومَه، هو قيام دولة الخلافة (داعش) الذي اتخذ شعارًا: «باقية وتتمدد».

❏❏❏

11

بعد أن أنهى عدنان اتصاله بأحد أقربائه من موبايله، الذي أخذ على عاتقه تحمّل مصاريف سفر عدنان إلى أوروبا عبر الأراضي التّركيّة حتى يصل إلى لندن. كانت إخلاص جالسة أمامه في الغرفة، مفحمة ساكتة غير مطمئنة لما آلت إليه الأمور.. تحدّق في عيني زوجها حتى تستفزه. حتى دسّ عدنان مبلغ ألف دولار في كف يدها، ثم ربت على يدها لتطمئن.. لم تتغير بل ترقرقت عيناها وأجهشت بالبكاء.

سكتت لوقت قصير حتى بادر عدنان بالقول قطعًا للصمت والنّحيب:

- لا تقلقي حبيبتي.. لن أتزوج عليك..

هنا أفاقت إخلاص من شرودها وكأن ضربة قاضية وجّهها عدنان في أسفل فكّها، ثم تأملته مضيّقةً حدقة عينيها، سددت له نظرة برأس مائل:

- بالله شو؟.. والله والله....

- اللّي عندو قمر ما بيتطلع عالنّجوم.. (قالها واضعًا يده في فمها لكي لا تُكمل بقيّة الوعيد ساخرًا).

اقتربت منه أكثر ونظرت في عينيه سبرًا لأغواره:

- والله انتو الرّجال ما لكم وفا.

تصنّع عدنان أنه لم يسمع، ثم وبسخرية الرّجال طلب منها أن تكرر

آخر مقطع فأعادته بصوت دلال ودافئ بلا تردد وكأنها مقطوعة غنائيّة جميلة:

- ما لكم وفا.

مطّ عدنان شفتيه:

- أنتِ لا تثقين بأحد، عندك حق، ولكن لو فكرتِ بأوروبا قليلاً وما ينتظرك من حقوق إنسان وبيت مدفوع أجره كل شهر، هذا غير مستقبل أطفالنا المرسوم مُسبقًا من قبل الحكومة لو وصلنا أراضيهم.. (ثم بنبرة إغراء):

والنّساااااااء، والنّساء يا إخلاص لهن حقوق أكثر من الرّجال فالرّجل له الحق بالزّواج مرة واحدة لا يُثنّى عليها، ممنووووووووووع.

أغمضت عينيها لثوانٍ تستشعر نشوة أوروبا وحرّيتها فهي كانت في أمريكا، ولها علم واسع بالقوانين الأوروبيّة، بل اشتاقت لهواء أمريكا.. ورحمة تلك البلدان.. فجأة عبست ملامحها وكأنها تذكرت أمرًا عظيمًا، فازدادت جاذبيّة:

- والله لو تنسانا ما راح أسامحك.

اقتربت منه ثم بعثرت شعرها في وجهه، تنفح عطرها وأنفاسها المحملة بعطر العلك التي كانت تلوكه بعطر الهيل. تخشّب هو كشجرة السّنط التي نبتت وسط البيت.. جذبها نحوه ثم قام بها إلى السّرير.

بعد جولات الحب والمعاشرة، همّ بالقذف، وهما غارقان تحت وطأة الجنس الذي لا يرحم بنشوة عارمة، حتى سمعا طرقات مهذبة بالباب أثارت انزعاجهما، ثم طرقات عالية نسبيًّا.. تيبس في مكانه لحظات ثم لبس بيجامته وغطى جسد إخلاص العاري وقام ليفتح الباب.

اقترب على أطراف أصابعه، فتح الباب، وجد رجلاً في العقد الرّابع.. شارب عريض وأكتاف مفتولة وبذلة سفاري:

- الأخ عدنان؟

- نعم؟

- أنا من أمن الدّولة.. ممكن تشرّفنا؟

◻◻◻

12

كانت السّاعة نحو العاشرة صباحًا، قلقت إخلاص جدًا؛ فـ«عدنان» لم يرجع، ورغم ذلك تحاملت على نفسها لتبتاع بعض الفطور الصّباحي لأطفالها، عندما خرجت كانت متلفعة هذه المرة بملاءة سوداء زادتها أنوثة وإغراءً، وكان صالح الجزّار يأكلها بنظراته حينما أشاحت إخلاص بوجهها نحو الطّرف الآخر لكي تتقي الغضب الذي استولى عليها، ثم مالت عن مسارها لتدلف إلى دكان البقّال.

لم يكد يراها حتى تبعثر كيانه واندثر تركيزه، لم يقاوم الصّدر البارز من خلف الملاءة الخفيفة، الذي يأكل جسدها الانسيابي، كانت تتمايل بخصرها كحيّة بين أوراق الشّجر، وهي تلتقط ما يلزمها من الطّماطم والخبز وبعض الخضراوات، حتى انتهت وتوجهت لدفع حسابها:

- كم الحساب من فضلك؟

ارتبك البقّال الذي غرق في تفكيره ونشوته فكان في أوج بلاهته عندما أطلقت إخلاص ضحكة فلتت منها رغم حزنها.. عندما رأت ارتباك ذلك الغبي، كوم من اللّحم المثقوب والمقطع أوصاله، كأن الكلاب نهشته وتركت الباقي ليتعفن، دفعت حسابها وخرجت، وتبعها بعدما ابتعدت قليلاً، خرجت الحوريّة وخرجت معها روحه، متجاهلاً الزّبائن، تدلّى فكّه السّفلي من جرّاء ما شاهد من مصائب تقاسيم صدرها الثّائر، وكل ما كان يتسرب منها

سهوًا وهي تنحني لتلتقط شيئًا. نسي الزّبائن ونسى نفسه، كما توقفت خلايا عقله عن الاتصال، تلك هي إخلاص التي نالت من مخيلته وصرعت أغلب الرّجال.

□□□

رجعت إلى البيت.. وعدنان لم يرجع بعد، فازداد قلقها على زوجها وباتت تراقب بقلق أطفالها وهم على المائدة يلتهمون فطور الصّباح، حتى دق الباب فجأة، هرعت إلى الباب لتفتحه.. وجدت عدنان أمامها غير مصدّقة، ارتمت عليه باكية، ضمها عدنان إلى حضنه ودس رأسه المليء بالأوجاع والهموم في ليل شعرها الطّويل، شمّها بعمق وكأنه مدمن، هدّأ من قلقها وروعها ثم أغلق الباب وراءه، جلس بين أطفاله كان قلقًا، شارد الذّهن عيناه احمرّتا من السّهر فغمز لـ«إخلاص» لتكف عن قلقها الذي بثته في وجهها وأوصاها بحركة من رأسه أن تبتسم على الأقل أمام الأطفال..

أخذ عدنان نفَسَهُ وفتح فمه ليخرج كلامه لزجًا كشريط كاسيت قديم:

- متى استيقظتم؟

بدا صوت إخلاص مكتومًا وكأنه آتٍ من مسافة شهر:

- منذ ساعتين تقريبًا، خرجت تبضعت بعض الجبن والزّيتون.

حاول عدنان أن يناور بالكلام، فتح كلامه الملتصق كتابوت ميت، رائحة أنفاسه كريهة كرماد، ولعابه جاف كشجرة محترقة:

- صحة وهَنا.

ابتلعت ريقها بصعوبة تنتظر أن يقوما للغرفة بعيدًا عن الأطفال ليروي لها ما حدث معه.

قام عدنان غامزًا بطرف عينه إلى إخلاص أن تتبعه للغرفة، من غير إثارة للقلق قد يُصيب الأطفال، سلمت صغيرتها إلى ابنتها الكبيرة.. كان عدنان يتحمل ألمًا شديدًا، يواري وجعه لكي لا يثير زوابع قلق إخلاص، أحس فجأة بألم اعترى فقراته، قاما ثم تواريا في الغرفة..

بهدوء....

احتضنته بشوق وبدأت تمسح بباطن كفّها على وجنتيه بحنان:

- ضربوك حبيبي؟

أشاح عدنان بعينيه إلى الحائط:

- لا، لكن الأرض كانت باردة ولم يكن هناك شيء لأتغطى به.

- ماذا حصل؟

ظلّ صامتًا لثوانٍ ثم استطرد قائلاً:

- أخذوا مني تعهّدًا خطيًّا كضابط سابق بألّا أقاتل أو أفكر في الانضمام إلى الجيش الحر.

ضربت إخلاص بيديها على صدرها فترجرج الثّديان اليانعان، ثم استدرك عدنان ردة فعلها:

- يرحلوني لو خالفت القانون إلى المخيمات.

- سيرحلوننا تقصد.

أطرق عدنان برأسه ثم سحبها من رسغها بهدوء ليجلسا على السّرير.. جلس قريبًا منها وأصبح كتفه يلامس كتفها حتى بدأت أنفاسه تلفح وجهها النّاعم:

- لن أرجع ولا تقلقي، لست مجنونًا حتى أعرّض نفسي وإيّاكم للخطر، فلا تقلقي.

- أرجوك اتركهم.. انظر ماذا حصل في سوريا، ثورة لا يدعمها أحد ودكتاتوريّة تدعمها عمالقة الكون.

- لنا الله، يجب أن نفكر في مستقبل أطفالنا وإلا ففي بلاد العرب لن نستطيع أن نطول حقًا أو باطلاً.

- تعرف يا عدنان لو نويت الخروج إلى أوروبا وتفشل سوف ننتهي.

قالتها وكأنها تنبهه أو تُذكّره...

- لا تقلقي، أحد المهربين الذي تكفل برحلتنا لم تفشل له ولا محاولة تهريب، له اتصالات مهمة وسيوصلني إلى اليونان مقابل مبلغ زهيد.

- أتمنى أن تعدل عن رأيك.

تأفف عدنان ثم انسلتَ من جانبها واقفًا يتأفف.. أمسكت إخلاص برقتها المعهودة سبابته ترجو منه ألّا يغضب، وراحت تمسح بباطن كفّيها على ذراعه وهي جالسة تنظر في عينيه، بلطفها الآسر أمالته نحوها لتقبله، قامت ولفّته بحضن عميم يسع كل ذكرياتهما، بكل ما فيها من آلام دفينة وأفراح قليلة. همست في أذنه بما معناه «لا تحزن». كانت أنفاسها لحظتها، تدفئ صدر عدنان، الذي لم يقاوم حنانها. ثم أخذ بيدها وقال بهدوء:

- هيّا لنخرج حبيبتي لكي لا يقلق الأطفال.

◻︎◻︎◻︎

13

كانت ظلال المساء قد امتدت عندما أنهى المصلّون صلاة العشاء، في مُصَلّى صغير يعود لمالكه شخص صومالي يزعم المشيخة. بل لا تدل هيئته الرّثة على أنه إمام محترم.. غير أنه يتمتع بلسان عسل.. هندامه الرّث، وما ينتعله في قدميه الذي أكل وشرب عليها التّراب والجفاف، يذكرنا بسكنة الصّحارى.

رجل شديد السُّمرة، متوسط الطّول، قدم إلى الحارة وظهر بها بشكل مفاجئ قبل أربع سنين فاستأجر دكان الإنترنت.. قبل أن يحوّل نصفه إلى مصلى، محافظًا بالوقت نفسه على الإنترنت كافيه، يغزو المكان رائحة بخور ثاقبة وقاتلة يشكو منها الزّبائن.

عذب اللّسان مع الجميع.. وفي صلاة الجمعة يلبس عباءته السّوداء ليُغطي على ملابسه الرّثة ويبدأ اللّعب على أوتار الخطبة الدّينيّة، لكي يخرج في نهاية الأمر بمبلغ التّبرعات.. هي بالأصل كان المفروض أن تكون تبرعات للمصلى أو للعوائل الفقيرة، كما يزعم ويُذكّر بها المصلين في نهاية كل خطبة.. ثم يودعها في جيبه الذي لا يشبع من المال كالعادة.

يوصي النّاس بصلاة الصّبح وينسى نفسه، لا يؤدي فريضة واحدة، يُسّهل على السّائل أثناء الفتوى كل شيء، والقصد هو نشر نفسه كإمام مُعتدل، ولا يحفظ سوى بضع سور قصيرة ومعلومات يتلقفها من الـ«يوتيوب» للشيوخ.

وآخر مرة جمع تبرعات بهدف إرسالها إلى العوائل السّوريّة النّازحة ثم يقضمها ويودعها في حسابه، وظل يكرر الخطة دون رادع.

أمّا عندما يغيب فيوكّل مكانه رجلاً ثانيًا ليس أقل منه دناءة، جزائري قصير القامة، له زوجتان وعشيقة يلجأ إليها وقت الضّرورة..

هذان جعلا من الدّين تجارة حُرّة، وينافسه الأخير من أجل الاستيلاء على المصلى لغرض فتح مدرسة إسلاميّة (تجاريّة).

انفضّ المصلون من صلاة العشاء واحدًا تلو الآخر، وبقى رشيد الذي وصل قبل يوم من سوريا للقاء الصّومالي، وأبوالهول صديقهم الدّائم، والحامدي الجزائري شريك الصّومالي (أبوأحمد)، الذي يتكلم العربيّة بطلاقة.. تصافحوا وتبادلوا كلمات التّرحيب الرّنانة ثم جلسوا في حلقة صغيرة بعد أن خلا المصلى من المصلين، الّذين بدأوا يخرجون عبر الممر الضّيق المفضي إلى صالة الإنترنت ومِنْ ثَمَّ إلى شارع الحارّة.

أغلق الصّومالي باب الدّكان وقلل من أنواره، وأبقى المصلى مضيئًا لكي لا يثير الشّكوك.. ثم أردف وفي يديه صينيّة لأبريق الشّاي:

- حيّاكم الله وأسعدكم.. (قالها باسمًا).

- يا مرحبًا يا مرحبًا.. (أجاب الجميع).

ثم أكملوا:

- يا مرحبًا بشيخنا الجليل.. اشتقنا إليك.

جلس بقرب الثّلاثة ثم قال بنبرة جادّة:

- الأخ رشيد.. ما أحوال إخوتنا في بلاد الشّام؟ وما أخبار الخليفة نصره الله بنصره الموعود؟

- بخير.. لديّ رسالة شفويّة وعاجلة من خليفتنا، ويوصيك بالحذر وكسب أكبر عدد من الشّباب الخيّرين.. وخصوصًا العاطلين عن العمل، وممن سُلبت حقوقهم وباتوا مضطهدين في مناطقهم.. ولا بد يا شيخ من التّركيز بدقة على من يعانون من مشاكل الزّواج والكبت الجنسي.. وممن خرجوا من السّجون.. وكل من لديه مشاكل مع حكومته.. والأخ أبوالهول سيتكفل بالتّدقيق عليهم وتسفيرهم إلى معسكراتنا في سوريا بعد تجنيدهم والتّأكد منهم.

ثم أردف الصّومالي قائلاً وكأن كلامه رسالة إلى رشيد:

- الشّباب مستعدون شيخ رشيد عددهم 80 وسيلبّون نداء الشّهادة إن شاء لله.

(ناجى بمسبحته الطّويلة أصابعه ثم خرجت منه ابتسامة خبيثة قبل أن يصب الشّاي ينتظر ردّ رشيد).

ربت رشيد على كتفه.. مستلمًا رسالة الصّومالي:

- ولك المقابل شيخ أبوأحمد، المبلغ جاهز حال معاينة الشّباب والتّأكد من ولائهم.

- ما أخبار الشّاب الأسير الذي سلمته لكم؟

- إنه في متون الجحيم، نهاية روايته الكافرة بدت مبتورة، لم يكن صادقًا، وكأنه كائن ضامر ينتظر الموت، وصل لطور من الهذيان عندما استأصلت إصبعيه وبعدها تم إعدام هذا المرتد عن دين الله.

- خير ما فعلت فهو خطر جدًا ولو كان على قيد الحياة لأنجز عمليات أكبر وأخطر.

ثم أردف الجزائري ماسحًا على لحيته بهدوء متأملاً وجه الصّومالي:

- الشّيخ أبو أحمد.. سأرسل بدوري بقيّة الشّباب ممن هيأتهم إلى سوريا مع هذه الوجبة الـ80 وهي فرصة ليسافروا معًا.. لقد هديتهم إلى الطّريق المستقيم.. (ثم توجه بكلامه للجميع): إنهم مشحونون بحماسة الشّهادة والجهاد.

ثم أردف الصّومالي:

- شيخ رشيد.. يعلم الله وحده كيف نعمل جاهدين للعثور على نخبة من خيرة الشّباب، والله قد يسر لنا الكثير من الأمور لكي نقنعهم بأن الأمة لن تتحرر من الوجود الصّليبي إلا بالجهاد الصّحيح.

ثم بدأ مجرى الحديث يتعمق وطال الاجتماع ساعتين ثم انفضّ المجلس واتفقوا على اللقاء في مكان آخر وفي موعد سيتم الاتفاق عليه لاحقًا.

◻◻◻

تجري الأمور بما لا تشتهي الأنفس.

كان عدنان توّاقًا جدًا إلى أن يترك البلد ويهاجر، ويعلن طلاقه للشرق المُتعب.. إلى حياة هانئة، حتى وقع ما لم يكن في الحسبان.. وفاة قريبه الذي تكفل بإخراج عدنان إلى أوروبا، حادثة سير مفجعة دمرته ودمرت أحلامًا كثيرة معه.. كان قريبه يقود سيارته ثملاً وبسرعة جنونيّة يستعرض بها عضلاته لإحدى المومسات التي تجلس بجانبه، والتي أخذها من البار، لتنتهي المغامرة إلى موت محقق.

لمعت الدّموع في عيون عدنان، وكان الخبر له وقع النّصل في القلب.. حاول التّماسك ولكن بلا فائدة، اهتزت أنامله، أصابتها رعشة الإحباط، فسقط الموبايل بين قدميه متناثرًا، هرعت إخلاص إليه.. بات هشًّا كالرّقاق. أخبر

إخلاص بالأمر فتأثرت هي الأخرى، بعدما بنت آمالاً على هذا الرّجل المنقذ، ليخلصهم من جحيم الشّرق الأسود.

دفن عدنان وجهه بين يديه قائلاً:

- يعني ضاع أملنا (وبدأ يَسُبّ الدّين والكون والقدر.. وإخلاص تستغفر وتحاول إسكاته بأي ثمن).

لم ينبس عدنان بكلمة ثم خرج مسرعًا، وتسرب إلى الشّارع ثم تلاشى كدخان سيجارة بين أزقة الحارة.

اكتفى بخبر اليوم، حتى قادته قدماه إلى الجامع، كان ثملاً وجد أن خير الدّواء هو الصّلاة.. صلى ركعتين بدون وضوء.. لا يهم حتى ولو كنتُ سكرانا فالله رحيم غفور (يقول في نفسه بثقة) دائمًا أَحْسِنْ الظّنَّ بالله ليكون عند حُسْنِ ظنّك.

وقف كعبد فقير بين يدي خالقه، بعدما دخل محل الإنترنت وسلم على الصّومالي الذي تلقف بعينيه وبخبرته الواسعة وضعه المنهار.. عرف بأن عدنان سكران، لا يهم فتوى واحدة سيفتيها له وسيريحه من التّفكير.. القليل من الخمر لا يضر فالبشر يخطئ وباب التّوبة مفتوح دائمًا. قاد عدنان إلى مدخل المصلى ومكان الوضوء، ولكنه لم يتوضأ، اكتفى فقط بالصّلاة.

راقبه بنظراته وهو يدخل ليصلي، فقرأ كتاب عدنان من شخصيته المنهارة.. علم أنه منهار من شيء وفاقد الشّهيّة بالعيش.. يعاني الأمرّين.. مشكلته خطيرة ليست ديونًا فحسب، بل أكبر، ولكن بلا شك لا يعاني من مرض الكبت الجنسي فهو متزوج، لَمح خاتم الزّواج في إصبع عدنان، خاتم فضي يلمع.

سيتطوع ويبدي رغبته في الرّغي مع عدنان فإنه سيظفر بشيء إن صح توقعه.. خبرة قديمة في البشر.

بعدما أنهى عدنان صلاته، انزوى في زاوية من المصلى يفكر في حياته التي تتسرّب حثيثًا من تحت قدميه.

- السّلام عليكم.

صوت جاءه من الوراء يكفي لانتزاع قلبه من بين الضّلوع.

فزع عدنان وكأنّ إبرة نكزت مؤخرته حتى لاقى الشّيخ الأسود تضيء أسنانه من خلف شفتيه المتشققتين.. الأسنان وكأنها مصابيح مزروعة في جوف ليل مظلم، يتخلل وجهه فتات شعيرات ما يسمى اللّحية.. منثورة على وجهه هنا وهناك. أضافت الابتسامة مزيجًا من الخبث الواعد.

- أراك مهمومًا يا أخي..

- اسمي عدنان.. سيدي الشّيخ.

- أنا تقريبًا أعرفك.. أنت سوري؟

يضع عدنان كفّه على فمه عندما كان يتحدّث لكي لا يقع في الإحراج مع الصّومالي وتثير رائحة المشروب غضب الأخير.

- أنت سكران يا بني؟

تنبّه عدنان وقد انحرج كثيرًا.. وأشاح وجهه إلى الحائط.. يفرّ من النّظر إلى الشّيخ..

- العفو يا شيخ والله أنا....

رَبَتَ على يده مطَمْئنًا إيّاه بأن لا شيء حدث، وإنما هذا خطأ يقع فيه كل شخص وابن آدم غير معصوم منه:

- لا تقلق يا بني، فللضّرورة أحكام، وإسلامنا دين يسر وليس عسر.. إن

أخطأت فلديك طريق التّوبة، المهم ألّا نجعل الشّيطان يسيطر علينا.. تزني، تشرب، تسرق، كل ذلك لديه علاج التّوبة، ومتى توجهت إلى الله، فستجد ربَّك غفورًا رحيمًا.

بان الارتياح على وجه عدنان وكأنّ الصّومالي قد صبّ ماءً باردًا على نار قلبه فأطفأها.. اطمأنت له أساريره.

- الدّين يا بني جميل، تخطئ فيغفر لك الله إن أحسنت التّوبة، فلا تخف؛ أنا هنا لكي أخفف عنك في أي وقت وحبذا لو تزورني كل يوم نأكل ونشرب ونتكلم.. على فكرة هل تعشيت؟

- لا أشعر بالجوع.

- القلق في عينيك يكاد ينخزهما، اعتبرني أخًا لك.

أدركهما اللّيل ولم يشعر عدنان بذلك الارتياح من قبل، ووعد الشّيخ بأن يكرر زيارته كلما سنحت الفرصة، ووسط ذلك الكم الهائل من خواطره المتلاطمة ابتسم وغادر المصلى.

انطفأت الابتسامة فجأة من وجه الصّومالي حال اختفاء عدنان، حين انسحبت عيناه إلى موبايله السّاكن في قعر جيبه ثم أجرى اتصالاً مع رشيد:

- هناك طبخة جديدة أريدك أن تتذوقها معي، بانتظارك.

■■■

14

سوريا الزّبداني:

في أرض لعبت عليها الحروب وأحرقت كل شيء، وأكل وشرب الموت على أرضها المقفرة، المساكن مُهدّمة وأرض تسكنها الأفاعي، والضّباع البشريّة تنهش لحم بعضها البعض، الأجواء مخيفة بل أشد جُرمًا من غوانتنامو.. القتلى ينهشهم الذّباب بدل الصّقور والحيوانات، لأنها لا تجرؤ على المرور على هذه الأرض الجهنميّة خوفًا من أن تخترقها إطلاقات الحرب وشظايا الانفجارات.

فقط الفرصة للذّباب.. تلك الحشرات الصّغيرة التي لا يفزعها دوي الانفجارات. تلتصق بالجثة متلذذة بالدّماء.. الكلاب تراقب من بعيد.. خائفة لا تجرؤ على الاقتراب فيحيق بها الموت وتدفع حياتها بدلاً من الفوز بلُقْمة من جثة المقتول.

سبايا النّساء وصلن في باص طويل.. على طرفي الباص مرسوم خريطة الدولة والعلم الأسود ينتصفها هالة بيضاء مكتوب عليها كلمة التّوحيد. تم إحضارهن من العراق متوجهات إلى أماكن أُعدّت لهن للسكن، حيث هناك يقطن «المجاهدون».

كانوا ستة قادة، بلباس إسلامي ولحى وعمامات سود وبيضاء افترشوا السّجاد الفاخر في باحة دار تركها أهلها واستحلتها جماعة التّنظيم لنفسها لأنها - كما يُقال في لغتهم - «غنيمة».

المكان معزول عن الخليقة برمّتها.. كان لحضور المهيب للقائد (سيف الإسلام) وقع وأثر كبير في نفوس القادة، لشجاعته، فهو رجل في السّتين من عمره، يكاد البياض يغزو لحيته، الشّعر الغزير الطّويل ينبثق من أطراف العمامة السّوداء، يملأ وجهه البغض والعبوس، صوته تمتزج فيه خشونة ورعونة، أردف قائلاً:

- جيش النُّصْرَة أخذ القسم الشّمالي من حلب ونحن ما زلنا نائمين.. لا بد من هجوم مباغت، و إلا فكيف سنقاتلهم لو سيطروا على مناطق حلب برمتها.. ما أخبار المناطق الباقية؟

- مولاي.. لدينا من عزيمة المجاهدين ما يكفي لكي نهزمهم.. لقد ارتفع عدد المتطوعين إلى 1500 مقاتل جاءوا لنصرة الدّولة وللخليفة أطال الله من عمره.

أجابه رجل على يساره بحماس وأيده الآخرون:

- معنويات الفرسان مرتفعة وأعداد المتطوعين من الغرب خصوصًا في تزايد ملحوظ، وهذا ما يغيظ العالم بأسره، وأرسلنا تعزيزات إلى الموصل لكي نُطْبِقَ على الولاية بقبضتنا.. الجنود العراقيون هناك فرّوا وقد رموا الخوذ وتخلصوا من قيافاتهم العسكريّة وهربوا بملابسهم الدّاخليّة.

ثم قال قائدهم (سيف الإسلام):

- عليكم بمساجد الرّافضة، التي يملأها ماسحو الأضرحة ومقبّلو الأقفال.. اقتربت الآن شعائرهم، وسوف تُقام بعد أيام، وكما تعلمون فهي بدع حرّمها الله على المسلمين.. وهؤلاء الرّافضة مشركون، قد جعلوا مع الله شركاء.. وكلنا قرأنا عن قولهم بأن عليًا هو ربهم يوم القيّامة والحسين سيشارك الله في يوم الحساب ويُخرِج الشّيعة من النّار بأمره، بحسب صك الغفران، وسيزورهم في قبورهم.

استغفر الجميع الله بخشوع، ثم أكمل آخر:

- إنّ الله يغفر جميع الذّنوب إلا الشّرك به.

ثم قال آخر متوعّدًا:

- إن موعدهم لقريب.

ثم أطرق سيف الإسلام برأسه وقد بان على ملامحه بعض الغضب:

- الموصل ستسقط في يدنا كما سقطت بعض القُرى الصّغيرة في العراق، وأنا قلق بشأن الوالي القادم.. فالموصل يلزمه والي حازم.. ليس أي رجل يقدر على ذلك، العراق بلد كثرت فيه الفتن وقد احتلتها مختلف القوى الكافرة، الحكومة العراقيّة خدمتنا كثيرًا بخصوص الموصل والرّمادي، فهي خير خادم لإيران.

وكان من بين الحاضرين رجل طويل نسبيًّا متناسق البنية عريض الفك مجعّد الشّعر، بياض عينيه تعلوه صُفرة.. أنفه حاد وصوته عميق يُلقّب (ابن ثعلبة)، أردف قائلاً:

- مولاي.. الشّباب قد أخذتهم الحماسة وقد بايعوا دولتنا بإخلاص وهذه بشارة خير، أمّا حلب فهناك خطة عظيمة إن شاء لله وضعت وسنعرضها عليك.

ربت على كتف ابن ثعلبة ثم أطرق قائلاً:

- والله ما يقلقني هي أمور الدّولة ويجب أن توكّل الولايات لمن هو أهل لها.

أردف أحدهم:

- أنا أعتقد أنك يا مولاي من أحسن القادة الميدانيين.. وأعتقد أنك تستحق ولاية الموصل، بل أكثر إن شاء الله.

هتف أحدهم:

- تكبيييير.

ورددوا:

- الله أكبر.. الله أكبر..

ثم تلاحمت الأيدي تحت هتافات التّكبير، منذرة بحروب ومؤامرات، ستزيد من الضّحايا والخراب، بلا ريب.

▫▫▫

15

الحارة التي تسكنها إخلاص كانت هادئة قبل أن تجري الأحداث التي هبّت كريح هوجاء..

فعلى بُعد أمتار من دار إخلاص، كانت تقف سيارة بِصَمْتٍ غير عادي، لم يلتفت لسكونها أحد حتى فجأة انتفضت أمتارًا عن الأرض ومزّقت السّكون بانفجار قوي خرق أسماع الكل ممن كانوا في الحارات المجاورة لها وذبحت شظاياها لحوم المارّة.. دمرت الأبنية المتهالكة وبعض الدّكاكين، قبل أن ينزل عدنان من سيارة الأجرة، وحال الانفجار من دخوله إلى الحارّة.

حدث الانفجار، فانكبّ على ظهره بعدما طار ثلاثة أمتار من مدخل الحارة إلى الوراء من جراء عاصفة التّفجير المُروّع.. سمع صوت فرقعة تصم الآذان من آثار ونيران تحرق الأبنية والمحلات القريبة من الانفجار. حتى انبطح المارّة الّذين سلِموا من الحادث، وتطاير الزّجاج والأحجار في كل اتجاه، كان الصّوت أشبه بصريخ الشّيطان.

كل ذلك لم يأخذ لحظة، وجد عدنان بعدها نفسه منكبًّا على الأرض، واضعًا يده على عينيه يتقي الزّجاج المتطاير.. انقطعت الأصوات عنه فجأة، كأن أحدهم فكّ وصلة الصّوت عن أذنه.. كانت التّفاصيل مشوّشة أمامه.

وكان المشهد صامتًا.. لم يَفِقْ أحد من الصّدمة.. الموتى في كل مكان.. جثث

غارقة في دمائها، أناس بُتِرَت أوصالها، دماء غطت الأمكنة وصريخ وعويل انبث من كل حدب وصوب.

ظل عدنان فاقدًا الإحساس بكل شيء، لا يدري ما يحدث من هول الصّدمة، إلى أن بدأ الصّوت في العودة تدريجيًّا.. أصوات متداخلة، صراخ أطفال ونساء ورجال مذعورين.. بعدها تصاعدت الألسنة بـ«لا إله إلا الله، ولا حول ولا قوة إلا بالله».. تحامل على قدميه وتوجه إلى بيته راكضًا يتدافع بين الزّحام ليتفقد أهله.. كادت رئتاه تتشققان.. أشاح عدنان بوجهه عن الجثث المتكوّمة.. ثم سمع سيّارات الإسعاف والنّجدة بسارينتها العالية، واخترقت الزّحام.

هوى بجثته على الباب وظلّ يطرق كالمجنون، هرعت إخلاص التي أكلها الفزع وكانت مُنكبّة على أطفالها تحميهم من الفزع.. وتحاول تبديد مخاوفهم وتُجاهد في إخماد صراخهم وهلعهم.

فتحت الباب لـ«عدنان» وهي تحمل ابنتها على وهن، دخل عدنان بسرعة، أخذ الطّفلة كالمجنون وقبّلها ثم أغلق الباب وراءه، احتضن إخلاص ودخل ليطمئن على ابنه وابنته، والتفّا حول والديهما يمسحان دماء وجهه.

- ماذا حصل عدنان؟

(لم تنتظر الإجابة لتهرع إلى المطبخ وتأتي ببعض الشّاش والقطن لتنظيف جروح زوجها).

انتابته ومضات كضربات فلاش الكاميرا.. ومضات سريعة لهُ، وهو ينزل من التّاكسي.. يحاسب السّائق على الأجرة.. وُلُوجه مدخل الحارة.. أطفال يلعبون، النّاس تبتاع حوائجهم اليوميّة وبعضهم يجلسون في القهوة يتسامرون ويضحكون، ثم الانفجار الذي حجب عنه رؤية بقايا القتلى والحريق الذي التهم بلا شفقة كل شيء.

ثم أردف شاردًا:

- انفجارٌ مهول.

- يا ستّار.

ثم بدأت بتنظيف وجهه بخفة وحذر ثم قالت:

- الحمد لله؛ جروح سطحية.. الله ستر حبيبي.

تفحّصت وجهه بعناية ثم اطمأنت قائلة:

- هل يؤلمك جدًا؟

- هناك ألم بسيط، لا تقلقي.

تلك الحادثة لن ينساها أحد.. فَقَدَ يومَها النّاس الأبرياء فجأة كل شيء عزيز وغالٍ، لن يسامح أهل الحارة الفاعل مهما مرّت السنون، لن يهدأ لأحد بال حتى تصل الحكومة إلى الجُناة.. ولكن مَن المستفيد من هذه الفتنة؟ هذه فتنة وبلا شك، تفجير يستهدف مناطق مدنية وليست عسكريّة بحد ذاته فتنة عظيمة، قوميّات متعددة تسكن مع بعضها، فهل يمكن أن يؤثر مثل هذا التّفجير على حياتهم؟

تلك الحوادث تكررت في مناطق أخرى وباتت على كل لسان.. لماذا نحن؟ نحن مواطنون ولا نملك حق اتخاذ قرارات البلد.. السّياسيّون هم من يملكون هذا البلد، نحن فقط كالدُّمَى، حياتنا ليست ملكًا لنا.. مصيرنا مزعزع..

أهل الحارة التّعساء لا يجدون الجواب، خسروا ما خسروا ولكن ماذا بعد ذلك؟

□□□

16

كانت دكاكين الأصدقاء الثّلاثة، البقال والجزار والخمّار، بعيدةً عن الحادث، لم تلحقها سوى أضرار طفيفة كسّرت بعضًا من زجاج محلاتهم، قناني الخمر قد تكوم أغلبها على الأرض والرّفوف بعضها تماسك في الجدران وبعضها تهاوى بما يحمله من بضاعة على الأرض.

في اليوم الثّاني من الحادث، وبعد أن انجلى الظّلام، حيث لم يغمض لأحد جفن ليلتها، كانت من أقسى اللّحظات للناس، وبدأ السّكان يومهم العبوس، لم ينَم أحد.. البعض أطرق متأملاً بحزن في الخراب الذي سببه الانفجار والبعض الآخر يُشيّعون قتلاهم.

أما عزيز فوجهه لم يكن غائمًا ومُلبّدًا فحسب، بل كان في حالة عصبيّة لم يسبق لها مثيل، حادثة انفجار أخذت القريب والبعيد. اقترب جمعة البقال وصالح الجزار لينضمّا إليه بينما كان ينظر إلى الخراب.. وقد اكتست وجوههم بغضب عارم وحزن. كانوا يلقون النّظر على العزاء الذي أصاب الحارة، لا أحد يتكلم مكتفين بالسّكوت. قال الجزار:

- في المال ولا في الأنفس الحمد لله على سلامتنا.

نظر إليه البقال وعزيز بنظرة ممزوجة باستنكار، ثم أشار عزيز إلى مكان الحادث قائلاً:

- وهؤلاء الّذين يُشيّعون موتاهم.. ألَمْ يكونوا من البشر؟

- قضاء وقدر، فليشكر من نجا على نعمة اللّه.

قالها الجزار ثم غادر لكي يتفقد المحل.

صمت ثقيل لزج ككرة صمغ حُشرت في حلقي عزيز والبقال، لا يُصدقان ما آلَ إليه وضع الحارة التي اكتسحها الموت فجأة، وفي غمضة عين فقدوا أصدقاءهم للأبد.

أخرج عزيز سيجارة، يستنزف من العلبة آخر سيجارة له تبّقت، أشعلها ونفث دخانها بضيق.. بقت ملتصقة في فمه شاردًا في تفكير عميق.. أشاح بوجهه إلى السّماء، ثم التفت إلى النّاس، لا حياة في وجوههم يولولون.. ثم دلف إلى دكانه المحطم النّوافذ وأخذ يكنس الزّجاج من على الأرض بصمت.

□□□

17

في مكان ما على السّاحل الأزرق، رُصّت الكاميرات.. وبدأ الملثمون المسلحون تجربة الكاميرات التي تم تركيبها في أربع زوايا.. وتم فحصها ليتأكدوا من أنها رُصّت بدقة وتعمل جيّدًا. وبعدها أحضروا ستة أشخاص مُكُبَّلة أيديهم بالأصفاد إلى الخلف.. يرتدون بزة الإعدام الحمراء يقتادهم ملثمون يرتدون لباس الكوماندوز.

كُبست أزرار التّسجيل، مددّوهم على بطونهم وجثم المسلحون كُلٌ على رأس ضحيته منتظرين إنهاء البيان وساعة التّنفيذ المُحتم، على مقربة من ساحل البحر، تلطخهم شذرات الموت الهائج كأنها تستنكر الحدث، قبل أن تبدأ الكاميرات بالحركة، كمقدمة لتصوير المشهد الصّامت والمروّع وكأنه فيلم سينمائي.. يحرصون على تنويع المشاهد من مختلف جوانبها، ليُبهروا أو ليروّعوا أعداءَ الدّولة.

أحد الجنود كان بين المجموعة المُنفذّة بدأ يتلو أمام الكاميرا:

(بسم الله الرحمن الرحيم)

﴿ قَٰتِلُواْ ٱلَّذِينَ لَا يُؤۡمِنُونَ بِٱللَّهِ وَلَا بِٱلۡيَوۡمِ ٱلۡأٓخِرِ وَلَا يُحَرِّمُونَ مَا حَرَّمَ ٱللَّهُ وَرَسُولُهُۥ وَلَا يَدِينُونَ دِينَ ٱلۡحَقِّ مِنَ ٱلَّذِينَ أُوتُواْ ٱلۡكِتَٰبَ حَتَّىٰ يُعۡطُواْ ٱلۡجِزۡيَةَ عَن يَدٖ وَهُمۡ صَٰغِرُونَ ﴾ [التوبة: 29].

صدق الله العظيم

أيها المجاهدون.. اقتلوا الكفار في كل مكان.. والغرب هم أعداؤكم.. وهم الكفار الحقيقيون.. وكل من تعامل معهم وكل من رفض الإسلام كدين له. إنهم عباد الصّليب جاءوا ليحتلوا بلاد الإسلام والمسلمين ويخضعوكم لإمبراطوريّتهم السّوداء الزّائلة بإذن الله.

وأما من يريد إن يعيش منهم على أرض الإسلام، إمّا أن يُسلم أو يدفع الجزية.. وهؤلاء السّتة هم من النّصارى الكُفّار الّذين رفضوا وجود دولة العزة (دولة العراق والشّام) وسوف ينفّذ بحقهم حُكم الله.

اجترّوا خناجرهم بحركة احترافيّة، ثم جثموا بركابهم اليمنى على ظهور الضّحايا، شدّوا رؤوسهم ومع صيحة التّكبير ذابت خناجرهم في الرّقاب الملساء.. وانفجرت الدّماء حتى تم نحرهم وفُصِلت الرّؤوس عن الأجساد ورُفعت بأيدي المقاتلين ووضُع كل رأس على جثة صاحبه ليتم عرضهم وكأنهم يضيفون لمسات أخيرة للمشهد.

المقاتلون كانوا كالذّئاب تعطشت للقتل.

صوّرت الكاميرات مشاهد جريان الدّم إلى البحر، وهي تختلط بالموج الأزرق.. يتخضب باللّون الأحمر وكأنها براميل نبيذ أحمر سُكبت.

تلك الحركة كانت كافية للنيل من عزيمة النّاس بكل أطيافهم، المسلمين قبل المسيحيين.. فتلك الدّولة الغامضة التّكوين يستشهدون بفتاوى مختلفة ينسبونها للعثيمين وآخرين من العلماء الّذين هم أصلاً بريئون من هذه الفتاوى المُختلقة حول جواز قتل النّساء وأطفال غير المسلمين والمعارضين لحُكم الدّولة.

□□□

ولكن ما تلك الفتاوى التي تم تفسيرها بصورة مغلوطة؟ فروايتهم تقول هل يجوز قتل نساء وأطفال الكفار إن فعلوا بنا ذلك؟

وكان الجواب على حد تعبيرهم:

الظّاهر أن لنا قتل النّساء والصّبيان لما في كسر قلوب الأعداء و إهانتهم، ولعموم قوله تعالى (من اعتدى عليكم فاعتدوا عليه بمثل ما اعتدى عليكم). و إن قال قائل لو أنهم هتكوا أعراض نسائنا فهل نهتك أعراض نسائهم؟

فالجواب: لا نفعل ذلك لأن ذلك مُحرّم بنوعه.

الدّولة بحد ذاتها تنّين خرافي تحوّل إلى واقع، النّاس احتارت فمنهم من نسبهم إلى ميليشيات ترعرعت لحماية نظام الأسد، والبعض قال إنها انشقّت عن القاعدة، والبعض قال إنها جماعة جاءت تطبق الشّريعة... ولكن أيّ شريعة؟

وليست هذه المرة هي الأولى التي يَجتزئ أو يَنْسِب أو حتى يُفسِّر فيها تنظيم الدّولة ومؤيدوه فتاوى لرجال دين مسلمين بصورة مغلوطة وفي سياق مختلف، حتى إحراقهم للأسرى برروه في وقت سابق بفتوى شيخ الإسلام ابن تيمية.

في الوقت الذي أعرضوا فيه عن حديث الرّسول ﷺ: «**لا يُعذِّب بالنّار إلّا ربّ النّار**».

□□□

رجع رشيد إلى الزّبداني بعد أن جلب معه ما يقرب من 200 شاب متعصب، يعاني أغلبهم من الكبت الجنسي؛ فالفقر منعهم من الزّواج، و«الدّولة» منحتهم فرصة زواج خاص للمجاهدين، دون مقابل، لبناء أسرة تحت راية «الدّولة»، ناقمين على حكوماتهم التي أهملت قضاياهم حيث انشغل رجال السّاسة بقضاياهم ومصالحهم الشّخصيّة، يائسين من الإصلاح الخرافي الذي كان من المفروض اتباعه وفق وحسب ما مكتوب في دساتير بلادهم.

من المتطوعين الشّباب من هُم فعلاً مضطهدون، أغلبهم سُجنوا ظُلمًا وبهتانًا ومنهم من خرج من سجنه بالرّشوة، ومنهم من لا يزال يذكر مرارة وألم ضربة كف على خدّه من شرطي أو من المحقق، سواء كان في الشّارع أو في مكتب التّحقيقات، وكبُرت معهم أحقادهم وقرروا الانتقام.. منهم من تم اغتصابهم في السّجون وإدخال العصىّ في دبرهم ليدفعوهم إلى الاعتراف بجرائم لم يرتكبوها.

جاءوا في السّيّارات المكشوفة رباعيّة الدّفع، متحمسين، تتهلل وجوههم بالحماسة وتفيض أساريرهم من واحة الانتقام. على جبين كل واحد قماش أسود مكتوب عليه الشّهادتان.. وثبوا على الأرض بثبات وحماس بإيعاز من رشيد.. يحيط بهم مسلحو «الدّولة»، مرحين مبتهجين بالإخوة الجُدد.. ثم هتف رشيد:

- إخوتكم الجدد، إخوتكم في الجهاد لنصرة الحق على الباطل، وإن الباطل كان زهوقًا بإذن الله.. هل ترضون بالذّلة على أنفسكم وقد أعزكم الله بنعمة الإسلام؟

سرت الهمهمات الغاضبة بينهم حتى هتف رشيد مرة أخرى وبصوت جهوري أقوى من سابقه:

- إذن، أنتم اخترتم العزة، والموت للجبناء والخونة...

تكبير.

هتف الجميع:

- الله أكبر، الله أكبر.

أردف رشيد:

- هؤلاء إخوتكم بالله، سيتدربون تحت لواء «الدّولة»، وهم جزء من دولتنا؛ كونوا خيرَ عونٍ لهم، دولة الإسلام في بلاد الشّام والعراق باقية وستتمدد.

هتف جملته الأخيرة بحماس رافعًا يده التي تحتضن الكلاشينكوف، متوعدًا بهجوم قاتل لمن يجرؤ على الوقوف بوجه «الدّولة».

18

انكشف أمر جمعة البقال وعلاقته الجنسيّة مع «وزيرة»، عندما تمّ كبس الحالة من قبل زوجته عندما أفاقت من نومها بعدما تحسست الفراش ووجدته خاليًا وباردًا.. نهضت بمؤخرتها السّمينة.. ترتدي ثوبًا أسودَ من الشّيفون كشف عن ثديين ترهّلا حتى الخصر، و«كيلوت» أحمر مزركش حاصر كرشة عظيمة.. التقطت شبشبًا ترجرجت فوقه، فتّشت عنه في البيت المظلم السّاكن ولم تجد بعلها، فخطر ببالها فجأة غرفة «وزيرة»، دلفت بغتة ورأت السّيد يعلو الأخيرة، وساقاها العاريتان تعتليان كتفيه، تفاجأت ثم خبطت صدرها فترجرج كقربة مملوءة:

- تخونني يا ابن الأبالسة.

ثم سحبته ككلب وجرّته من شعره من فوقها وصفعت «وزيرة» بغضب عارم. لم تدعه ينطق بكلمة حتى وجد نفسه خارج البيت تلحقه نظرات اشمئزاز وحقد من أهل بيته الّذين صحوا على ضجة وصياح زوجه.. ثم لحقت به «وزيرة» دون أن تكترث سيدة البيت بمصيريهما.

من خلف الباب رمت أمتعتها على الأرض، جمعها جمعة ولم يتخلّ عن «وزيرة».. بل أثبت رجولته وحُسن العشرة، سلّمها إلى أحد بيوت الدّعارة التي يعرفها. ثم اختبأ في دكانه.. ينام في غرفته المؤثثة. يعمل صباحًا حتى المساء، ثم يغلق المحل كالعادة وبدون إثارة للشبهات، يدور نصف دورة خلف البناية حيث باب الدّكان الخلفي ليدلف إلى الدّاخل.

استمر على هذا المنوال طويلاً حتى جاء يوم من الأيام وفرغت الحارة من المارّة، وأسدل الظّلام ستاره، بقي دكان الخمّار كالعادة مفتوحًا، وأغلق الباقون دكاكينهم وغادروا إلى بيوتهم.. ألقى جمعة التّحيّة على الخمّار وغادر على غير عادته من غير أن يبتاع زجاجة النّبيذ المفضلة لديه. وكان صالح الجزار قد غادر مبكرًا متحججًا بالتّعب هو أيضًا.

التفت جمعة يَمْنَةً ويَسْرَةً ليتأكد من خلو الطّريق من المارّة، ثم أولج المفتاح في الباب ودلف بسرعة..

كان الضّوء المنسدل من شباك الدّكان كافيًا لإنارة المكان، ثم بحركة خفيّة التقط السلم الحديدي وثبّته في زاوية الدّكان على الحائط ليرتقيه.. صعد، وبكل هدوء فتح المنفذ العلوي وأبقاه مفتوحًا للتهوية.

في منتصف اللّيل، كان جمعة نصف نائم حتى التقطت أذناه صوت سيارة تقف بالقرب من الباب الخلفي لدكان الجزار، سمع صوت انفراج الباب، ثم نط إلى ناحية الشّباك حاجبًا نفسه خلف الحائط؛ ليرى ما يدور من أمر مريب، وإذا بملثّم ينزل من السّيارة، ويقصد الباب الخلفي للدكان ثم دلف وأغلق من ورائه الباب. حاول بفضوله المفرط أن يعرف ما يجري، خصوصًا أن صالح الجزار لا يفتح الباب الخلفي إلا نادرًا.. إذن هناك شيء مريب بالتّأكيد، استرق السّمع من الحائط المجاور لدكان الجزار ولم تستطع أذناه أن تتلقيا شيئًا من الحوار بسبب الحائط السّميك الذي يفصله عن جاره، فاشتعلت نار الفضول فيه، ساندًا رأسه على الحائط هباءً، فالحائط يمتنع عن أن يجود بشيء يسير من الوشاية في الدّاخل لكي يطفئ ظمأ الفضول.

كان يتحرك بحرقة كبيرة يمنة ويسرة وأذناه تحاذيان الحائط الصّامت، يتحاشى الرّفوف التي تمنعه من الاقتراب أكثر من الجدار، تحمل بضائع

لو أصدرت صوتًا لانقضى الأمر. وهو بفضوله يتحرك وإذا بكتفه الضّخم يضرب أحد الرّفوف ويقع ما عليه من علب على الأرض، من دون أن يتوقع بأن هذا الخطأ الجسيم سوف يكلفه حياته.

وبينما الجزار جالس مع الملثم في غرفته فارشًا أوراقًا كثيرة مهمة على الطّاولة يتباحثان بسريّة عالية جدًا، فإذا بهما يسمعان الضّجّة الآتية من الدّكان المجاور، لملما الأوراق بسرعة وأخفيا كل شيء، تمّم الغريب على مسدسه كاتم الصّوت ثم أردف والرّيبة والهلع تكادان تنهشانه:

- من يسكن جوارك؟

- لا أحد، جمعة، جمعة البقال....

قاطعه الغريب:

- أعرف أنه البقال ولكن هل من العادة أن يتأخر في الدّكان؟

- لا, ولكن أكيد نسي فتحة التّهوية مفتوحة ونط قط أحمق ليسرق شيئًا.

- لا، ليس قطًّا.. لقد رآني لأنه مختبئ في الدّكان لأمر ما.

أثار كلام الغريب جلبة ودبيبًا في أعماقه، ممزوجين برعب.. أخرج الغريب ساطورًا من حقيبته التي كانت بين قدميه ثم انتفض قائمًا على الفور ومعه الجزار قائلاً:

- سوف أذهب إلى السّطح عبر منفذ التّهوية وأستطلع الأمر.. هل السّلم موجود؟

- نعم.

ثم خرجا على الفور من الغرفة وأشار الغريب بيديه للجزار بما معناه أن ضع السّلم لي هناك. وضع السّلم الخشبي ليقود الغريب إلى أعلى السّطح بعدما

فتح برويّة الباب الصّغير على شكل مربع، ثم قفز الغريب برشاقة القاتل المحترف إلى أعلى السّطح. مسح أطراف المكان بعينين متوترين ثم أغلق الغطاء بهدوء، تمشى بخفة حتى أوصلته قدماه إلى سطح البقّال وألقى نظرة سريعة ليجد ثغرة تمكنه من الوصول إلى مصدر الصّوت.. قبل أن يرى مخرج فتحة تهوية من الخشب مفتوحًا فتحة تسع دخول جسده الرّشيق النّحيل من خلاله.. تأكدّ من خلال إحساس القاتل أن هناك شخصًا مختبئًا في الدّاخل.. فتشجع للولوج عبر الفتحة، كان البقّال مرتعبًا، انقبض قلبه، عقله مضطرب، ابتلع ريقه بصعوبة ويرتعش من الخوف وكأنه على دراية بمصيره الهالك.

انسحب إلى تحت طاولة الكاشير التي يقف وراءها كل يوم.. ثم تزحلق تحتها حتى انزوى في ركنها كالقط الهارب من خانقه. متسترًا بسترة الظّلام الجزئي، جلس القرفصاء يردد الآيات والدّعوات حتى لاحظ أن بنطاله قد تبلل تمامًا.. المكان بات صامتًا، لا حركة.

انتظر دقائق معدودة ولم يسمع شيئًا، زحف من تحت الطّاولة حتى تحامل على نفسه ليقف.. وإذا بالشّبح الغريب يظهر من العدم، يمسك ساطورًا مسنن الحواف أقرب لمنشار مربوط في راحته، ثم حدث كل شيء في ثوانٍ.

❑❑❑

19

قبل ساعتين من حادثة البقال:

كان عدنان جالسًا مع إخلاص منغمرين في حديث طويل حتى دق الباب بشدة، ارتعب الاثنان.. قام عدنان بسرعة لكي يُصمت هذا الدّق.. حاولت إخلاص منعه، فثار، توجه وفي نفسه ودَّ لو يَلْكَم هذا الطّارق المريب المزعج، ما إن فتح الباب حتى تفاجأ بأربعة أشخاص بلباس شخصي، سأله أحدهم:

- أنت عدنان؟

- نعم...

ولم يُكمل كلامه حتى انهالوا عليه بالضّرب.. مع صياح عدنان، خرجت إخلاص فزعة، نسيت أن تستر نفسها، وكانت بملابس تكشف عن ساقيها وصدرها، لم يشفع رجاؤها لهم بأن يكفّوا عن ضرب زوجها، غير أنها تلقت صفعة أدارت عنقها فجثمت على الأرض متألمة، لم تلحق أن ترفع كفها لتتحسس النّار التي استعرت في وجنتها، أو تصرخ مجددًا..

قبل أن ينغلق الباب بغتة ويخطفوا عدنان بعد أن رشّوه بغاز من قنينة معدنيّة أفقدته التّركيز على المقاومة.. وخطفوه بعدما غلّفوا رأسه بقماش أسود.

انتشر الرّعب في ملامحها وتلاحقت أنفاسها. تحاملت على نفسها لتقف مستندة بالحائط، حتى استجمعت قواها وبدأت تستعيد تركيزها وانسلتت

من الباب لتلحق بالخاطفين.. خرجت هلعة متجاهلة بكاء أطفالها، بعد أن خطفت ملاءة معلقة خلف الباب. في الشّارع المظلم لفّت جسدها بالملاءة متخللة ستر الظّلام وهدوء الحي، فقط كان الخمّار موجودًا بداخل دكانّه، سكرانًا، لاحظ إخلاص تجري بخوف وهلع، شاهد بذهول شبحها تتجه تركض خلف سيارة مسرعة غادرت الحارة، التقت خلالهما أعينهما، وكأنها تستنجد برجولته لمساعدتها، قبل أن تتوارى في نهاية الحارة كدخان عاصفة مغبرة، أثناء ذلك كان البقال والجزار مختبئين، يختلسان نظرة من شباك دكانيهما، ساكنين لا يجرؤان على تفسير ما يجري.

أغلق عزيز دكانه الخالي من الزّبائن وجرى بسرعته غير المعهودة ليتبين الأمر، مدّت إخلاص خطواتها حافية حتى وصلت إلى الشّارع الرّئيسي حاجبة وجهها بطرف الملاءة، متحاشية عيون السّكارى الّذين كانوا يتابعون جسدها من فوق الملاءة ويتفوهون بكلمات لا معنى لها.

كانت تقاوم ضيق نفس وضعفًا يتسلل فيها، وزجاجًا محطما على الأرض طعن قدميها الحافيتين، حتى ترنحت وزاغت عيناها وسقطت على الرّصيف. أسرع عزيز ورفع رأسها ثم طبطب على خدها حتى أفاقت، تمتمت بوهن وبدون إدراك:

- عدنان خطفوه.

لم ينبس عزيز بشيء غير أنه لمح الجزع في ملامحها، وكأنه حلم يراوده بأن يلمسها، كان ثملاً جدًا، طوال الوقت كانت تسرح بخياله، والآن ها هي بين يديه غير مصدق ما يحدث، هل يتخيل من شدة السّكر أم أنّها حقيقة، فـ«إخلاص» التي لوّعته بين يديه الآن وفي حضنه، اتخذ الأمر منه لحظات ليفتح فمه:

- الحمد لله على سلامتك.. المهم أنت الآن بخير؟

كانت إخلاص كورقة تترنح في مهب الرّيح بين يديه، مسلوبة الإرادة، تأمّل صدرها المكشوف من تحت الملاءة، التي كشفت عن جسد شمعي، وعينين ذاهلتين وفخذيها. لمس أحد جوانب الفخذ بحجة تغطية الجزء المكشوف، كان يشعر بشيء من الذهول والنّشوة، غطّ أنفه بين شعرها وبدا كأنه قد ثمل حتى النّهاية من شدة النّشعة، أفاق فجأة ثم قام بها ولفّ ذراعها حول عنقه وتمشّيا باتجاه الحارة.

□□□

20

اقترب منه فجأة، كان يتوسل للغريب ثم انكبّ على ركبتيه بعدما أحس بوهن جسمه.. راكعًا متوسلاً يتصبب عرقًا حارًا وقد سلبه الشّحوب والرّعب ماء وجهه.. فبدا مختلفًا ضعيف الأمل، كثير التّوسل.

- ماذا سمعت؟

- لم أسمع شيئًا، والله لم أسمع شيئًا.

كانت أنفاسُهُ تخنقه من الضّيق، يبلع ريقه ليكمل الكلمة، مسك الغريب من خناقه ودنا برأسه من البقال:

- ماذا رأيت؟ وإياك أن أكرر سؤالي للمرة الثّالثة.

- والله لم أرَ، ولم أسمع.

اعتدل الغريب من وقفته، ثم ساد صمت مخيف قاتل وسط الظّلام.. البقال يرتجف بشدة، يتوسل ويُقبّل قدم الغريب قبل أن يرفع السّاطور.. ركّز بعينيه المخيفتين في وجه البقال المرعوب.. ثم في خطفة عين عاجَل الأخير بضربة معلم، ليشق بساطوره لحم رأسه، سقط البقال على الأرض متمرغًا في دمه، فيه نفس وألم وفحيح يائس، يحاول استدراك حياته التي تُراق.. لحظات قصيرة وهدأت الرّعشة. خمد البقال.

وترك الغريب وراءه وجهًا مشطورًا مختلطًا بدماء لزجة.

21

السّلم كان عاليًا، يوازي سطح البهو الواسع المعلق عليه صورة العائلة تتوسطها طبعًا صورة الجنرال، بملامحهم التي تحمل الرّوافد العربيّة، الشّرقيّة، ينتهي السّلم عند مدخل الصّالة الكبيرة التي تخرج منها طرقة تصل إلى جناح النّوم. ثقيلة تجاهد لكي تكمل السّهرة معه، متثاقلة، منهكة من أثر الأفيون.. يشخص بصرها فتحرك شفتيها همسًا وهي تراقب الثّعبان الأسود يتلوى متمرغًا في جسدها النّاعم، يغطس برأسه بين فخذيها ليلعق العسل المتدفق من فرجها بهدوء.

فارجًا فمه عملاقًا يخرج منه لسان ممشوق يلتقم ما طال منها، كلاهما مخمور.

ثم يهرس جسده اللّزج اللّامع ما لم يطله. يلعق رقبتها ويمصمص أذنيها وينزّ عرقًا ساخنًا يجري على جلدها سيلاً يحرق في طريقه كل ما يقابله، ليترك خربشات وعلامات، الأفيون الذي دفنه تحت لسانه ولسانها ثم سقاه لها بالشّاي له مفعول السّحر في تأخير ذروته وتمديد عذابها تحته.

ساعتان من البعثرة والعصر والتّنقيب، دمّر خلالها الحرث والنّسل، فانغرزت أظافره في منابت صدرها بألم، غطّ في استراحة فوق الثّدي النّاهد. ثم انسحب فجأة وتركها عارية شاردة.. ميساء تلك الزّهرة اليانعة التي ما عادت يانعة من الأفيون، جلب حزامًا جلديًا ومدّه إليها يبتسم بِشَرّ، استيقظت من شرودها،

انتبهت إليه وارتعبت، سحبها من رسغها، ارتجفت تظن بأنه سيضربها من جديد قبل أن يطلب منها أن تجلده لكي تزيد نشوته، تمتم:

- سأتمدد على السّرير، واجلديني بقوتك الخافتة.

استغربت من الطّلب، ارتجفت وبكت، فأسكتها بكف يده:

- أُششششش، هيا اعملي ما أمرتك به.

تمدد على السّرير، على بطنه، منتشيًا، ساد جو من الصّمت الثّقيل لم يدُم طويلاً، كيف تضربه؟ حالة هلع وفزع جثمت عليها، حتى صاح:

- عجّلي قبل أن أفقد نشوتي.. هيّا.

صرخ بكل تعجرف خالٍ من نبرة الرّجولة، قبل أن ترفع الحزام مرتجفة غير مصدقة وبدأت تجلده على مؤخرته بضعف، مترددة، انفجرت باكية، رمت الحزام ودفنت وجهها بين يديها، احمرّت عينا الرّجل ثم انهال عليها بالضّرب بلا شفقة، يتشمّم صدرها تارة ويضربها بنشوة تارة أخرى.. ألقاها بعنف وشهوانيّة وحشيّة لا مثيل لها على ظهرها، يتحسس ما بين فخذيها ثم يعاود الضّرب.. حتى أوقعها أرضًا.. ساد الصّمت الثّقيل مرة أخرى، ارتمى على الأرض فاقدًا القوة، لاحظت ميساء تمثالاً حجريًا صغيرًا على الطّاولة، فارس يعتلي ظهر حصان ثائر، انسحبت ببطء مستغلة غفوته الثّقيلة التي انتابته فجأة، وكأنه جثة كلب، قامت بوهن، تملكها الدّوار فتهدّج نَفَسُها، ارتعشت عيناها، كان الرّعب منتشرًا في ملامحها وأمسكت بالتّمثال واتجهت إليه بخطوات حذرة لكي لا يستيقظ، وقفت على رأسه، تريد أن تهوي بالتّمثال على رأسه المخمور.. رأسه المليء بالنّار، قاومت براءتها، وبلمح البصر انهالت بالتّمثال الحجري على رأسه، انفجر الرّأس وغاص في بحيرة من الدّم القاتم.. نظرت إليه ببرود وتَشَفٍّ، مسحت الدّماء المتبعثرة عليها ثم

وبسرعة أخذت لباسًا لتستر جسدها العاري، توجهت مهرولة إلى الباب، وقبل أن تخرج لاحت منها نظرة أخيرة على جثته الهامدة لتتأكد من أنه قد انتهى. جمعت شجاعتها وبصقت عليه، وانسلّت هاربة من القصر الخالي تحت جنح الظّلام من باب المطبخ الخلفي المفضي إلى الشّارع.

◻◻◻

22

زنزانة مظلمة وجسد مُسجّى على الأرض الباردة، السّجّان يراقبه بين حين وآخر من كوة الباب الصّغيرة، بعينين يتطاير منهما شرر على المتهم السّياسي. أنفاس «عدنان» تكاد تخرج منه بالكاد ووجههُ مليء بالكدمات، رائحة الزنزانة وعرق جسده تقتل أي مخلوق في الكون.

فتحت تلك اليد التي كانت تعذّبهُ الكوّة الصّغيرة من الباب، رماه ببعض السّب، ثم فتح مزلاج الباب الموصد، دخل ثم رفع رأس «عدنان» من شعره:

- لك أن تختار الموت في الزّنزانة أو الاعتراف حول قضيّة التّفجير الأخيرة.. من يموّلك؟ من دفع لك لتفجر السّيارة وتقتل النّاس؟

لم يكن باستطاعة «عدنان» الإجابة، تقطّعت السّبل لكي تُسحَب منه كلمة وشاية أو اعتراف، الجسد مدمَّر، يتنفس بصعوبة.. رفع كف «عدنان» وتأمله كأنها نبتت للتو من ذراعه، ثم ترك الكف واعتدل في وقفته.

رفع قدمه بحقد عن الأرض وطاح به على بطن «عدنان»، ثم أخذ يدوس بكعب الحذاء على باطن كفه.. «عدنان» لا يملك غير الأنين ليصرخ من الألم.. ثم داس عليه بقوة أكبر أيقظته من سباته حتى انطلقت صّرخة مدوية من فمه المُدّمى، تراجع السّجان وغادره، احتضن رأس «عدنان» الأرض الباردة وغاب عن نفسه.

◼◼◼

بعد شهرين من حادث البقال، الذي تم تقييده ضد مجهول، بدت الجريمة لغزًا لا يُريد أن يُحَلّ، وتساءل أهل الحارة كثيرًا عن القاتل، بعد أن مضت ستة شهور على التّفجير الذي أصابهم، وظلت الجريمة والانفجار حكاية الحارة زمنًا طويلاً.

❑❑❑

لم تذق إخلاص النّوم لشهور.. فـ«عدنان» قد اختفى من على وجه الأرض.. لا تعرف ما حصل له حتى كادت تفقد الأمل في رجوعه.. وذبل ذلك الوجه الحسن، انتهزها عزيز فرصة للسؤال عنها، بل أصبح الاطمئنان عليها فرضًا كصلاة العابد التي يؤديها كل يوم. كانت العادة بالنّسبة إليه مع كل امرأة مطلقة أو فتاة ألا يستغرق الأمر أيّاما معدودات.. لكن الخيوط تلك المرة تتعقد وتتشابك، تلتف حول رقبته، تلجمه، تشنقه ببطء، هو لا يحب، فالحب وَهْمٌ لا وجودَ له، المجد للجسد الذي يغلي ويفور ثم تنطفئ جذوته -مؤقتًا- لتخبو معه أعتى حالات العشق، الجنس هو المحرك دائمًا، يسعى وبكل السّبل والطّرق أن يكسب ودّها.. يسأل عليها من خلف باب البيت نّصف المفتوح كما العادة دائمًا عندما يكون سيد البيت غائبًا، ثم ينصرف.. وأحيانًا تبعث بولدها أو ابنتها لكي يصرفانه.. مضى على هذه الحالة شهر بالتّحديد ولم يستسلم، لا استسلام في قانونه.. هي غارقة في أحزانها، مرتعبة من المصير القادم، خارت قواها وانطفأ وهجها، لدرجة أنها لا تقوى على الخروج لكي تبتاع شيئًا يؤكل ليسد جوع أطفالها. لا تجرؤ أن تعترف لأهلها في أمريكا بما يحدث لها لأنهم غضبوا منها وتركوها لفترة طويلة كعقوبة، عندما تزوجت «عدنان» وتخلت عن أوراقها الأمريكيّة.

هذه المرة عندما طرق عزيز الباب فتحته بوجه متعب، ضربه الذّهول ولم يتأخر ليسألها:

- أأنت بخير؟

تمتمت بكلمات غير مفهومة ثم تحاملت على نفسها وأردفت:

- أنا متعبة وهو لم يَعُد بَعْد، أطفالي جاعوا، لا أقوى على الطّبخ.. ممكن خدمة من فضلك.. أريد.....

لم تكمل كلامها بعد.. حتى تلقى عزيز الرّسالة قبل أن تتفوه إخلاص بها واختفى، وكأنه سرق الطّلب من لسانها قبل أن تنطق به. اقتحم السّوق ببسالة الرّجال.. ابتاع كل ما جاد به كرمه من السّوق، واستأجر سيارة أجرة لكي يوصل الطّلب، وما هي إلا سويعات حتى كان أمام دارها.. يحمل ما طاب من اللّحم الأحمر والرّز، إضافة إلى الاحتياجات الأخرى ليكفي لهم قوت هذا الشّهر.

نزل مُحمّلاً بالأكياس وطرق الباب، فتح ابنها الباب ثم طلب منه عزيز أن يستأذن والدته في إدخال الأكياس إلى البيت.. سمحت له إخلاص بذلك وبعثت ما تيسر لها لسداد الدّين.. ولكنه رفض وبشدة أن يأخذ ثمنًا لذلك.

- أخبر والدتك بأن لا حسابَ بيننا، وإذا أصرّت فأخبرها بأنني سأحاسبها فيما بعد.. المهم أن تأكلوا جيدًا حتى يعود والدكم وإذا نقص أي شيء أخبروني.

غادر مرحًا يبتسم راضيًا عن نفسه.. وفي نفسه شعور بأنه قد حقق مكسبًا لا يُستهان به، توجّه بعدها إلى الدُّكّان، لاحت منه نظرة إلى دكان البقال، رمقه بحزن وتمتم بأسى بالغ:

- الله يرحمك.

خرج الجزار وألقى على عزيز التّحيّة:

- أراك متأخرًا اليوم على غير عادتك؟
- كانت لديّ بعض الأشغال أنهيتها وسأفتح الآن.

أجابه باستهانة، توجه إلى دكانه ليفتحه، ليوقفه كلام الجزار المستفز:

- السّنيورة وحدها الآن، لا من رقيب ولا من حبيب.

اغتاظ «عزيز»، فرماه الجزار بضحكة مجلجلة خبيثة وكأنه أعلن عليه الحرب.

□□□

23

-الموصل-

سقطت الموصل في وسط حالة من الذّهول والمفاجأة التي ضربت عامة النّاس، بين ليلة وضحاها كما حدث أثناء احتلال الكويت في يوم وليلة، كانت صدمة كبيرة للعالم أجمع، البعض نسبها إلى مؤامرة حاكتها الحكومة للانتقام من أهل الموصل، لكي تكون فرصة لباقي القوى المعارضة لزعزعة أمن العراق والتّوغل في سرقة خيراته، والبعض قال إن «التّنظيم» قوي، وسيدخل بغداد عاجلاً أم آجلاً.. تلونت وتنوعت الأحاديث، وضاعت الحقيقة، كلّ فرد بات يرى الحق من منطقهِ وتحليله هو.. حتى ظنّ أغلبهم بأنّهم على حق.

بعد فترة من الزّمن، صُكَّت العملة الإسلاميّة، وفُتحَت المحاكم الشّرعيّة الإسلاميّة، وتم تعيين قضاة يحكمون بقوانين كانت سائدة قبل 1400 سنة، ومُنِع التّلفاز والإنترنت، وفُتحت مراكز للشرطة التي باتت تجوب بدوريّاتها الشّوارع، وكأنها حياة جديدة ظهرت فجأة.. وحش كاسر ظهر، مليء بأسرار لم يدركها أحد، كأسرار مثلث برمودا الذي بات لغزًا للجميع.

ثم بدأت سلسلة إعدامات طالت من اتهموهم بالمرتدين والخونة من الأسرى، وانتشرت سوق السّبايا وتحليل مال المسيحي والأديان غير المسلمة وفرض الجزية وهدم الكنائس، فتاوى صدرت بحق المتخاذلين، أسلحة جديدة حتى بعض دول العالم لا تمتلكها، نظام تصوير حديث وإعلام مُتمكّن

ومواقع تُبثّ على الشّبكة العنكبوتيّة يتم فيها الإعلان عن الجهاد ونشاطاتهم الإجراميّة كالنّحر والإعدامات الميدانيّة. بل الدّول العربيّة باتت تتخوف وتشكو فجأة من غزو «داعش» المُباغت، صحوة بعد نوم عميق للدول، أخبار تخويف تنشرها القنوات بخصوص جرائم وأسلحة «داعش» الكيميائيّة، لترهيب النّاس أكثر وأكثر، أغلبها لا صحة له أصلاً.

هزائم الجيش العراقي في الموصل لم تنقص من الصّد والرّد والمنع والإعراض.. بل ازداد الجهاديون قناعة بعدم التّخلي عن شبر واحد من أراضيها أيًّا كان الثّمن، وزادتها عنادًا ورغبة محمومة في القضاء على الجيش الكافر كما سموه، وتستعر تلك الأحقاد وتجري كالرّمال المحمومة في أجسادهم بدلاً من الدّم.

حلّ الشّهر الفضيل، وحلت معه فتاوي تقبّلها أهالي الموصل على مضض، وكانت الفتاوي كالآتي:

منع النّساء من الخروج أثناء ساعات الصّيام في شهر رمضان.

كما أمروا بإغلاق المحال آخر 10 أيام قبل عيد الفطر المبارك.

وحظر التّنظيم على النّساء الخروج قبل الإفطار، ومن ترغب في الخروج بعد صلاة المغرب ينبغي أن يكون معها مرافق من أقاربها الذّكور.

وأخيرًا: يبطل صيام من يكره «الدّولة الإسلاميّة».

تساءل المدنيون فيما ستستمر هذه الكوابيس طويلاً؟ تغيير حلّ ككابوس مخيف، القتل يطول الجميع.. أي دولة هذه جاءت وجثمت على صدورهم، أينما ذهبوا فهم مُطارَدون ومهدَّدون بالقتل، ومَن لا ينصاع للأوامر تُصادَر أمواله ويكتب على داره بالخط الأسود «أملاك الدّولة الإسلاميّة».

■ ■ ■

«سيف الإسلام» كان مجتمعًا مع رشيد وابن ثعلبة في أحد بيوت كوباني البسيطة، يجلسون على سجادة حمراء فاخرة، تحيطهم وسادات مزركشة كما كانت في عهد السّلاطين، كبيرة ذات ألوان متنوعة، إضافة إلى حراسة مشددة من قبل ملثّمين يطوّقون المكان.

- يجب أن يعمم الآتي على مواقعنا الإلكترونيّة، ليكون المسلمون الغافلون على بيّنة (ثم بدأ بقراءة الفتاوي بصوت مسموع):

- من لا يُصلي لا يُقبَل صيامُه، ومن لا يحب دولة العراق والشّام لا يُقبَل صيامُه، فمَن لديه إحدى هاتين الخصلتين فلا يكلفنّ نفسه عناء الصّوم، فليس له من الصّيام إلا الجوع والعطش.

ثم أخذ يحرك سبابته في الهواء كتهديد:

- تُغلَق محال الحلاقة الرّجاليّة ويُمنَع تقصير الشّعر، وإزالة كل اللّافتات والإعلانات التي توضع لمحال التّزيين النّسائيّة والشّباب..

(ثم كرر مشددًا بلهجة أشد): عليكم بالشّباب.

- مولاي.. بارك الله فيكم، ومنكم نستمد قوتنا (قال رشيد).

- بعدما توليت ولاية أجزاء من مناطق الشّام المحررة يجب أن أحافظ على كل شبر منها، لا سيّما أن أعداء «الدّولة» يتربّصون بنا.

- مولاي.. وماذا بشأن تحريم استخدام الهاتف المحمول؟

(قال ابن ثعلبة مُعقّبًا).

- تُنفذ لو كان الهاتف حديثًا من الطراز ذي الكاميرات، لأنها تنقل الفتن، وسيشجع النّاس على تداول صور ممنوعة، وأيضًا يُفرض على جميع النساء اللّواتي يعشن ضمن حدود دولتنا الختّان حتى يتطهرن.

ثم أردف قائلاً كأنه تذكر شيئًا:

- آه، صلاة التّراويح أيضًا ممنوعة، لأنها بدعة.. واسأل الله أن يحفظنا من الفتن.

ردّد رشيد وابن ثعلبة بصوت واحد:

- آمين مولاي.

- رشيد وابن ثعلبة.. أريد منكما أن تسافرا إلى الدّول المجاورة فهناك وجبة متطوعين عالقين هناك، سيتم تجنيدهم ليلتحقوا بإخوانهم في الموصل وتكريت.

- أمر مولانا (قالا بصوت واحد).

الدّولة لدى لاعبيها.. هي ليست عبوديّة ترتجي، بل كلهم إخوة لنصرة الإسلام في مفهومهم.. قطار لن يتوقف في محطات، إلا ليستزيد من الفحم فيستعر.

الدّولة المزعومة، خلافاتها، ولاياتها، كالأفيون، تجتاح المناطق، نهشت خلاياها تحت غموض لا أحد يدركه، كالمخدر يهجم الإدمان داخل جسده، مع مائة ألف نملة تحتك ببعضها تحت جلد المنطقة الموبوءة، وأغلب حكوماتنا عُرِفَت بضعفها حتى باتت كالنّسر العجوز الذي تكسرت مخالبه واحدًا واحدًا على صخرة صلبة.

❒❒❒

24

انقضى أكثر من شهر ونيف وهو في الحبس الانفرادي، في قدميه أغلال ثقيلة تصل إلى ثلاثة كيلوجرامات، ظلام نسبي، لا يصل للغرفة نور الشّمس، يتسرب نور خافت، لكي يلتمس أبعاد الغرفة الضّيقة مرة واحدة في اليوم، عندما توضع بجانبه وجبة الأكل اليوميّة، ويكون راقدًا على الأرض، غير قادر على الأكل. طبق الحساء ورغيف متلبد وكوز ماء وتجري فوقه الطّفيليات، رفض أن يأكل حتى صرخت معدته في وجهه ونغزته البرودة.

كالشّبح الميت في الظّلام، فقط أنفاسه في صدره التي تعلو وتخفت وتميزه بأنه ما زال حيّا، بدأت تهاجمه نوبات الهلوسة، ألوان غريبة تراها حدقتاه، تتحرك كالسّراب البعيد.. تتلوى كنار في الرّيح، ومِنْ ثَمَّ تلتقط أذناه حشرات تحتك أجنحتها فينتفض، يصرخ صراخًا خافتًا في الفراغ، ويخبط برأسه الحائط بهيستيريا.. ينادي استغاثة، يسب الدّين ويستغفر الله، ويلعن كل مَن قابلهم في حياته إلا «إخلاص»، قبل أن تتجلى في الظّلام، تقترب في سكون وتلتقط يده، تحتضنها وتتلاشى.

يبكي بحرقة، قبل أن تنتابه موجة ضحك عصبيّة تشرخ رئتيه، ثم يسكن، يهمد، يتمدد على البلاط البارد فاقدًا القدرة على التّفكير، فاقدًا الإحساس بالبرودة التي تطعنه، وتتخلل عظامه، يمد يده التي يراها بالكاد إلى سقف لا يراه، سقفٌ بدأ يشك في وجوده.

الوقت حان لكي يخرجوه للشمس، تُعرف بـ«نُزهة السّجين الأسبوعيّة»، فاليوم على غير عادته رغم البرد القاتل مشمس، بعد أن بدأ الشّتاء يحل في أول رحلة كضيف ثقيل.. الشّمس كانت حاضرة بذات نفسها، أخرجوه بالسّحل، إلى أن تحامل على نفسه، لكي يقف على قدميه، دون جدوى، ليسقط كالطّفل الذي يجرب الوقوف ويمشي بخطوات واهنة، ضعيفة، ويهوى على الأرض. ضوء الشّمس أعمى حدقتيه، فصرخ برعب وضرب الهواء بيده بهيستيريا.

رموه في ساحة السّجن الواسعة، كان الجو رغم حضور الشّمس باردًا، كانوا يركلونه ضاحكين، بهزال قاومهم، فتلقى ركلات في معدته قبل أن يلقياه في مستنقع مليء بالوحل والبرودة.. ثم رشقوا عليه بالسّطل الغائط، وأسقطوه في المستنقع من جديد، متمتعين بهذا النّوع من التّعذيب.

أمروه بالخروج، رشّوه بماء بارد وهو يقاوم بلا جدوى، وبعد جهد، وهربًا من الرّائحة خرج من الحفرة.. تحامل على نفسه ليبقى واقفًا.. سقط كالطّفل، تمدد ثم غفا، أغلق عينيه، ككلب يُعذَّب، ضم ركبتيه إلى صدره بألم وتكوّر، يرتجف بشدّة، يجزّ على أسنانه، أتمّوا غسله بماء تقطر حباته كالثّلج من الصّنبور، يصرخ من برودتها، رموا عليه المنشفة وبدلة أخرى، لم يكن يملك القوة الكافية لكي يمسح جسده المبلل ويرتدي البدلة، حتى أجبروه بالضّرب على أن يقوم بذلك، أرجعوه بعد ساعة إلى الزّنزانة ثم نفضوه بركلة إلى الدّاخل.

تمدد على الأرض، ثم أخذ يزفر بتعب وألم.

◻◻◻

25

مضت الأيّام.. و«إخلاص» ما تزال تبحث عن زوجها في كل مكان، جهاز أمن الدّولة، والمخابرات والشرطة.. حتى بات جميع العناصر يعرفونها من ملامحها ومن كثرة التّردّد، لا أحد يعلم مصير زوجها ولا ما هي تهمته. اضطرت أخيرًا أن تلجأ إلى «عزيز» ليساعدها.

ظهور طاغ رغم شحوبها، لم يتسنّ له أن يصدق أو يستوعب ما يراه، إنها الشّمس بعينها، عندما وقفت أمام الدّكان.. شيء لم يتوقعه أبدًا، كأنّما صكّت فكّيه بلكمة صاعدة أسقطته أرضًا، يلحظ الوجوم البادي في الحدقتين الفيروزيتين، حاسَب الزّبون قبل أن يضع قناني البيرة في كيس أسود، وسلّمها له، قبل أن يقفز من خلف طاولة الكاشير باتجاهها.

استولى على الجزار الفضول، حالة لم يرَها من قبل، حالة نادرة لم تكن في الحسبان، المرأة التي عشقها أغلب رجال الحارة تقف الآن أمام دكّان عزيز شاردة، مبعثرة الملامح، تثرثر معه. حاول التّنصّت ففشل، فالصّوت خافت جدًا، أثار اقترابه منهما غضب عزيز، اصطنع أنه يكنس أمام الدّكان واقترب شيئًا فشيئًا ليتسنى له الإنصات بوضوح، فوجّه عزيز ضربة قاضية على مؤخرة رأسه، بتجاهله وابتعاده بـ«إخلاص» بعيدًا عنه.

- سأساعدك سيدة إخلاص، عندي أصدقاء ضباط شرطة ومخبرون، سوف أتصل بهم وأتمنى أن نصل إلى بصيص أمل.

- الله يخليك.. الأطفال حالتهم سيئة وأنا مريضة، ضاقت الحارة والدّنيا بي.

- لا عليك.. (كان بين فترة وأخرى يختلس النّظر إلى الخط الفاصل بين ثدييها، يلتقمها بدون ميعاد، بمجرد أن تشرد بعينيها الحزينتين إلى الأرض، حتى يمسح كل شيء فيها بسرعة).

زفرت في ضيق فأردفت:

- أشكرك جدًا، وسأمر عليك لاحقًا.

غادرت بخطوات واهنة حتى توارت من أمام عينيه مبتعدة بيأس. ما إن أدار ظهره حتى تفاجأ بصالح الجزار ما زال يرقبه بدون كلل، يبتسم بمكر عظيم:

- يا بن الّذين.. بتلعب من ورايا؟

- أخذوا زوجها وطلبت المساعدة.. (قالها محاولاً تحاشي أيّ نوع من الأسئلة المزعجة).

- وكيف وصلت إليك؟

- قصة طويلة سأحكيها بعدين.

همَّ بالرّجوع إلى دكانه حتى سحبه من رسغه:

- لا والله، الآن أريد أن أسمع كل شيء.

نظر إلى عيني الجزار، وهو يجز على أسنانه حتى أردف بحنق:

- تفضّل إلى الدّاخل.

□□□

26

طالت غيبته، لا أخبار عنه، ولكن الأمل موجود.. لا تتقبل أبدًا خبرًا غير ذلك، لم يأتِها أيّ أحد بخبر عن زوجها، حتى الجن والشّياطين لم ترضَ بوشاية أي شيء عن زوجها.. وجودها أصبح لا معنى له بدونه، كل يوم يسأل عنها عزيز ولا تكل عزيمته ولا يثنيه صدُّها وردعها المهذب له، هي اطمأنت لشيء ما في عزيز ولكن ما هو؟ إن عزيز مهما يكن فهو مُسالم فيه إنسانيّة ما تزال تسكن فيه بل وأفضل من أغلب الرّجال.

هي لا تخاف منه بل اطمأنت له، خصوصًا بعدما جلب لها الدّكتور ليعالجها.

بعدها، علم عزيز بفراسته وخبرته بالنّساء أنها أفلست ويجب عليه أن يسجل موقفًا آخر..

بعدما فتح ابنها الباب كلّفه بأن يوصل سلامه وتمنياته لها بالشّفاء، ذهب ابنها ليخبرها بالرّسالة الشّفويّة، فبقي الباب مفتوحًا حتى حانت الفرصة وألقى خلف الباب صرة من النّقود، يكفيها المبلغ لمدة شهر كامل مع إيجار البيت.

استوت على سريرها بذهول، عندما أتتها ابنتها بصرة النّقود التي وجدتها أثناء تنظيف الدّار، فتحت العقدة، اغرورقت عيناها، لم تنبس بجملة واحدة، ربطت الصّرة ووضعتها جانبًا وأخذت تفكر مليًّا بما صنعه عزيز. استلقت على ظهرها متأملة مروحة الغرفة السّاكنة.

في اليوم التالي، بعد أن رجعت لصحتها وتحسّنت، تحاملت على نفسها وخرجت من البيت لتشكره، وقفت أمامه كحوريّة رغم ما نالته من قساوة الأيّام.. ينظر في وجهها الذي غزاه الألم والتّخبط.. قبل أن يردف:

- الحمد لله على سلامتك، أخبرني الدّكتور بأنك ستكونين بخير.

- الله يسلمك بس يرجع زوجي بسلامة سوف أرجع لك المبلغ كاملاً، أخي عزيز.

امتعضت حواسه من الدّاخل، فهو لم ينتظر تلك الكلمة ولكنها بداية المسيرة وعليه أن يتحمّل، مسيرة قد تطول وخطته قد تنجح أو لا تنجح، تلك هي المسألة، استوى على عرش الشّرف ثم أردف:

- لا، المبلغ ليس دينًا.. و«إن شاء الله يموت» (أردف في نفسه).. يرجع بالسلامة وتفرحي بعودته.

نظر إليها بعمق، بجنون عاشق، هربت من عينيه إلى ما وراء زجاج دكانه، لا تعرف بماذا تُجيب، ثم شكرته، وغادرت بسرعة.

لن يتركها، تلك المرأة عامرة الجسد، أكل كل شيء فيها، مسح جسدها نقطة نقطة حتى دخل مخترقًا حمّالة النّهدين واختبأ بين ثدييها، قد أغراه فيروز عينيها، وذهب بشرتها والرّقة التي خُرِطَ بها خصرها، فكم من امرأة ضاجعها، ولم تُقنِع قلبَه، وكم فاتنة قابل ولم تحرضه على الحياة، تحرقه كما حرقته، محال، إنها الأولى من بين النّساء تجيد كيّ الرّجال، تغرقه فيها، ترويه وتغسله.. متى تصالحه على نفسه، رغبته فيها تمت بدون ماء.. بدون هواء.. بدون أرض... عشقُها توغل فيه حتى النّخاع.. حين أتت إليه يومًا بقدميها.

لا يريد أن يفضح شهوته.. وأنه حجر مرصع بالحُفر وله وجه مظلم تظنه ربما فضاء.

تابعها حتى تلاشت..

وتابعه الجزار بعينيه، حتى داعب بأصابعه ذقنه.. تعلو شفتيه ابتسامة ماكرة، قائلاً:

- حان وقت الإبلاغ عن إخفاء المنشورات السّياسيّة فهذا الكلب سيكون خطرًا في المستقبل القريب على نشاطنا.

27

كان عزيز قد استُدعي من قِبَل مكتب التّحقيقات لكي يتم استجوابه حول مقتل البقّال، قبل أن يُحفَظ الحادث ضد مجهول، وفي صباح أحد الأيّام تفاجأ عزيز برجال الأمن قد اقتحموا دكانه وبأمر من النّيابة، كانت في عينيه رعشة، قبل أن يرى الضّابط يمسك برزمة منشورات تحرض على الطّائفيّة، وعليها ختم «الدّولة الإسلاميّة»، وقضيّة كهذه كالعبث بمسمار مغروس في القدم.. مسمار ملتوٍ.

ثم وبدون أي مقدمات ألقوا القبضَ عليه وأخذوه إلى مكتب مكافحة الإرهاب..

◻◻◻

مكتب المحقق:

أخرج المحقق المنشورات من الكيس، ووضعها على الطّاولة، ويتأمل وجه عزيز، كانت عينا الأخير تحمل وهنًا وخوفًا، وضعفًا..

أطال النّظر إلى وجهه ثم سأله:

- البقال قُتِل في ظروف غامضة وقد وجدنا بجانب جثته مثل هذه الأوراق.. أريد تفسيرًا لذلك.

سكت عزيز. ثم أردف المحقق:

- السّكوت لا يُساعد بشيء، وسوف تتعقد المسألة أكثر.. ساعدني لأساعدك.

ظل الرّجل متفحصًا عيني عزيز وهيئته، طلب اثنين قهوة، جاءت صينيّة القهوة تحمل فنجانين، شرب المحقق قهوته في هدوء مبالغ فيه، رفيع وسيم خمري البشرة حليق الذّقن، يرتدي بدلة سوداء قميصها مفتوح:

- لا تريد أن تجيب؟ أريد أن أساعدك.. ما تفسيرك لوجود منشورات كهذه في دكانك؟

لم ينبس بكلمة ظلّ مبهوتًا.

- سكوتك سيكون ضدك في القضيّة، وستزيد الأمور تعقيدًا، أنت متهم بالضّلوع مع تنظيم «داعش» الإرهابي، ونشر الفتن الطّائفيّة.

اهتز كيان عزيز ثم أردف قائلاً وكأن النّصل وقع في القلب:

- والله، والمسيح لا أعرف شيئًا، أنا نفسي تفاجأت، سيدي المحقق.. أنا مسيحي وأبيع الخمر، كيف أسمح لنفسي بأن أتعاون مع الإرهاب، أنا غير ملتزم بحضور صلوات الآحاد، لأنني أساسًا علماني وأحب الحياة والخمر والنّساء، ولكن الإرهاب؟ لا، لا هذا أنا بعيد عنه.

- ملحد يعني؟

- أي شيء، فقط الابتعاد عن الدّين هو خير ما أفعله في حياتي.

- قبل شهرين قُتل البقّال، وأنت كنتَ في المحل وخرجت لمساعدة سيدة وقعت في مشكلة، ثم عدت إلى الدّكان لأنك نسيت إغلاقه، أليس كذلك؟

- نعم، صحيح، كنت ثملاً، أغلقت المحل وذهبت إلى البيت بعدها، ولم أحس بأن هناك جريمة وقعت، لم أنتبه إلى أن هناك حادثًا يُقتَل فيها جاري في الدّاخل.

- وكيف انتبهت للمرأة وهي تركض في الشّارع إذن، وقعت في غرامها رغم أنّها متزوجة.. أليس كذلك؟

كان أثناء ذلك يمد يده إلى الصّينيّة ليرفعها بإيعاز من المحقق، قبل أن يباغته بهذا السّؤال، فاهتزت أنامل عزيز فسقط كوب الماء بين قدميه متناثرًا.

- لا تُبالِ.

ضغط على زر صغير، فقرع العسكري الباب وانحنى ليجمع بقايا الزّجاج.

- اسمع يا عزيز.. الحارة تواجه منذ فترة أزمات، والمنشور الأخير الذي وجدناه في دكانك يوجّه إليك أصابع الاتهام، ستُحجَز يومين على ذمة التّحقيق وستحال إلى النّيابة ليتم التّحقيق معك.

الكلام تبخّر، لم تعد الكلمات تجدي نفعًا، صمت.. وكان يتمنى لو ابتلعته الأرض، ابتلع عظام سمكة عظيمة، تنغرز في حلقومه، انتهى مستقبله، ضغط المحقق على الزّر الصّغير، ليدخل العسكري ويقتاد عزيز إلى السّجن، قبل أن يدخل من باب ثانٍ رجل طويل القامة في العقد الخامس، يرتدي بدلة سوداء، واتخذ مجلسه على كرسي عزيز، ليردف مبتسمًا:

- بريء، أحدهم دس المنشور في محله، واتصل لكي يتخلص من عزيز.

- هنا السّؤال.. لماذا؟

احتمال عزيز ينافسه على شيء.

- هذا بالتّأكيد هو السّبب.. والجزار سوف يكشف نفسه بنفسه، تعاملنا مع الموقف بمرونة لكي يطمئن الجاني بأننا قيّدنا الموضوع ضد مجهول، ولا أستبعد أن له يدًا في قتل البقّال أيضًا.. شهود أكدوا أن له اتصالات مشبوهة وزيارات مريبة ولقاءات منتصف اللّيل في دكانه.

- دع عزيز يتخمر قليلاً في الحبس، ثم أخرجه بكفالة، يجب أن نصل إلى نهاية القضيّة بأي ثمن، فإن حادثة التّفجير في الحارة، وقضيّة القتل لربما لها ربط واحد في الموضوع.

- سأكثّف من التّحقيق ومراقبة المكان.

ثم قام من الكرسي، صافح المحقق وغادر.

28

انتابه جرح غائر، في خلوته الصّغيرة يبتغي أن يفرغ عصارة معدته، هدأت أنفاسه من بعد سعال عنيف فمسح فمه بأكمام بدلته، انثنى ألمًا، أراد أن يقاوم وينهض، لم يعجبه ضعفه فأهداه الوجع ألمًا آخرَ أقنعه بالسّجود، وتمدد ببطء على الأرض الباردة حتى عانق خدّه الأرض، قبل أن يوارب عينيه. حتى أصدر أنَّةً خفيفةً، ذلك الجسد المُسّجى على الأرض، كان يومًا ما يُقاتل العدو، ويحمل السّلاح على ذراعيه، كانتا فيما مضى كعضلات «رامبو»، يفتك بسلاحه بالمتسللين إلى أرض الوطن، تاريخه العسكري الطّويل يشهد له بذلك.

أمّا الآن فالباقي منه لا شيء، وعيناه المغلقتين بورم ينمو. غشاوة عينيه بدأت تنجلي داخل السّجن، شبْه المظلم.. مسح ملامح إخلاص وأولاده في أركان الزّنزانة المعتمة، ثم تلاشت ضحكاتهم وصورهم، ليجد نفسه وحيدًا بين أربع جدران رطبة.

فُتِح بابُ الزّنزانة ودخلها مخبران غليظان، صفعاه وأشبعاه ضربًا، ثم اقتاداه يسحلانه من يديه، إلى غرفة الاعـتراف. استوى على كرسيّه في هزال وضعف، الأصفاد في قدميه ثقيلة ومربوطة في خِصره ويديه، هذه المرة في مواجهة دائرة الضّباط، مع كاتب تحقيقات يُدّون كل شاردة وواردة في التّحقيق، والمخبران من خلفه، يصفعانه إذا تلجلج أو تذمّر، وإذا لم

يفعل شيئًا عاجلوه بصفعة ليفعل. بدا هذه المرة في حالة متقلّبة من الإعياء والغضب، من أثر الحجز الانفرادي وبقايا الارتجاج، حرب نفسيّة مارسها المحققون ببراعة استحلابًا لمعلومات لم ينطق بها رغم فقدانه أغلب أظافر يديه وكيّ تمشّى على باطن فخذيه، بالإضافة لكدمات السّحل الباقية من يوم القبض عليه وحتى الآن، يصعب تمييزها عن رضوض الانفجار الذي خلف له ارتجاجًا جعله يتقيأ ليالي طوالاً، ويستعر حرارة حتى حاصرته الهلاوس، تزوره أشباح قتلى الانفجار، ويدير وجهه قبل أن تتوه ملامحه في ظلمة السّجن.. أثناء التّحقيق الأسئلة كانت تنطلق منهم جميعًا في وقت واحد، كالإعدام رميًا بالرّصاص، الكل يتنافس للفوز بالقلب، تتنوع استفهاماتهم بين السّؤال المباشر والخبيث.

ثم طرق الباب، دخل أحد المخبرين ليهمس في أذن الضّابط بكلمات ثم خرج على أثرها، أكمل الباقون أسئلتهم لدقائق قبل أن يعود الضّابط ويتخذ مجلسه بينهم.. استغرق التّحقيق أربع ساعات وكأنها أربع سنين بالنّسبة لـ«عدنان».

كان «عدنان» يجزّ أسنانه من الغضب والوجع رغم الوهن الذي بان عليه، قبل أن يأمر الضّابط أحد المخبرين بأن يعيد «عدنان» إلى سجنه، كان يرتدي جاكيت أسودَ وقميصًا أبيضَ، وسيمًا، حليقَ الوجه.

ثم أردف بعدما اجتمعوا على طاولة مستديرة:

- ضابط قديم، كبير ومهم ومنشق، تعاون مع الجيش الحر، لا دليلَ عليه كإرهابي، ينوي الهروب إلى أوروبا كالباقين من أجل حياة أفضل، سنطلق سراحه ليكون تحت أعيننا لمدة معينة من الزّمن.

وافق الجميع على أن تتم مراقبة «عدنان» لمدة شهر أو شهرين.. لم تكن

هناك أدلة على قيام «عدنان» بأعمال إرهابيّة تهدد أمن البلد ولكن يجب أن يؤدَّب سواء كان مذنبًا أم لا.. تلك هي قوانين بلدان العالم الثّالث.. قوانين تدل على مدى ضعف أنظمتها وتخوّفها من السّقوط.

ثم انفض مجلس التّحقيق وغادروا المكان بهدوء.

❑❑❑

29

تلقفتها إحدى المنتقبات من الشّارع، كانت صوماليّة الجنسيّة تتكلم العربيّة بطلاقة، لا يظهر منها سوى عينين واسعتين كعينيَ المها، وصوت أنثوي ينفذ مع أنفاسها نسيج نقابها و يتخللها دلع جميل.

- أختي.. هل أنت بخير؟

لم تتلقّ جوابًا من الجسد الضّعيف المُسجّى على الأرض، خائفة ومضطربة، قتلت جنرالاً فمَن أين لها الحصول على الأمان؟ ينتظرها حبل المشنقة في بلد لجأت إليه هربًا من الحرب الأهليّة، وها هي الآن فريسة لجريمة ارتكبتها محاولةً الحفاظ على ما تبقى من نفسها. ولكن كل المؤشرات تدل على أنه لا حياة بعد اليوم.. بانتظار موت محتم.

ربتت المنتقبة على كتف أختها، كما لقبّتها، في محادثة لمنح الفتاة الطّمأنينة، ثم أردفت:

- أين أهلك؟

- لقوا حتفهم في سوريا.. (قالت بصوت غلبه جوع وضعف).

- لا حولَ ولا قوةَ إلا بالله، وأين تسكنين؟

- لا سكن لي، جوعانة.

- لا تقلقي أختي سوف أجلب سيارتي وتأتين إلى دار الأمان.. امكثي مكانك.

أسندت رأس الفتاة برفق على الحائط ثم أسرعت لتجلب سيّارتها.

لم تأخذ وقتًا طويلاً، حضرت وترجّلت من سيارتها، أحاطت ساعد ميساء حول رقبتها، ثم قامت بها باتجاه السّيارة.. وأجلستها في المقعد الأمامي، التفّت إلى الجهة الثّانية، صعدت السّيّارة وأدارت المحرِّك، ثم انطلقت قائلة:

- معك أوراق؟

- لا.

وقالت في استسلام: ضاعت كلها.

- لا تقلقي، فأنت محظوظة، التقيتك قبل أن تقبض عليك دوريّات هذه الحكومة الملعونة.. أسبلت جفنيها وأسندت رأسها إلى المقعد ونامت.

رمتها المنتقبة بنظرة تفحصت بها ميساء.. ثم انتبهت للطريق للتوجه بها إلى بيتها.

□□□

30

خرج عزيز من السّجن بكفالة، لم تكن لديه وجهة محددة.. حتى وجد قدميه تقودانه إلى مكانه المعهود.. خمّارة تقع في إحدى ضواحي المدينة، هادئة نسبيًّا من ضوضاء السّيّارات.. جلس وطلب بيرة.. كان الحزن والأسى يكسوان وجهه.. بدا شاحبًا.. غير مصدق ما حصل له.. كابوس أسود، لعنة من نوع آخر.. كيف للمنشورات أن تختبئ في مخزنه من دون درايته؟ حكّ بأصابعه مؤخرة رأسه ثم حاول أن يتذكر من دخل دكانه من الزّبائن غير المرغوب بهم، قبل الحادثة بساعات أو حتى بأيّام؟ صعب جدًا أن يتذكر؛ فكل من ابتاعوا منه بعيدون كل البعد عن الشّبهات، كلهم تربطه بهم صلات وثيقة ولا يتجرأ أحد أن يقترف مثل هذا الفعل أو الحماقة الخطيرة، ربّاه، هل كانت هذه مزحة؟ يا ترى هل نسي أحدهم المنشورات في الدّاخل؟ كاميرا خفيّة للمزحة كانت أم ماذا؟ ولكن لماذا أنت بالذّات يا عزيز؟

هل أنا مكروه لهذه الدّرجة؟ ومن يكرهني لدرجة أنه يريد إيصالي إلى حبل المشنقة؟ أخرج علبة سجائره، استل سيجارة راقدة في جوفها.. وضعها في فمه بالعكس ثم انتبه لها.. عدّل السّيجارة.. مصمص الفلتر، يقلبه بين شفتيه الذّابلتين، أشعلها، ثم أفرغ البيرة في الكأس، ينصت لنغمة البيرة وهو يصبها في كأسه، لذّة ما بعدها لذّة، لشارب مارق، الرّغوة تجعله منتشيًا قبل أن يشرب، لعق بلسانه الرّغوة.. أضفت على شاربه المشذوب بياضًا، مسحها، ثم شربها بجرعة واحدة، كالمحروم، وكأنه لم يذق طعم البيرة لسنين، هذا

المشروب الرّوحي، فعلاً روحي، أردف في نفسه «أحيانًا أحس بأن زهدي في هذه الدّنيا والالتجاء إلى الحانات أحسن من الالتجاء إلى الكنيسة، ولكن ربما ديانته أنقذته من هذه المحنة.. شكرًا يا أمي العذراء، كم أنتَ رحيم يا أبي الرّب.

هل كان المحقق سيطلق سراحه لو لم يكن على دين ثانٍ؟ وهل كان المحقق سيعتقه من جرائم الانفجار والقتل وغيرها من أمور تدور في البلاد؟ الدّين هو سبب الفتن، أن تكونَ مسيحيًّا أو مسلمًا أو يهوديًّا فالكل سيان.. لا إلا اليهود، انظر كيف يعيشون، لا مشاكل تذكر عندهم، لا طائفيّة بينهم وملتزمون بأصولهم، نعم يوجد لديهم معارضون، ولكن في النّهاية شعب يتوحد أثناء المحن لنصرة قضيتهم.. أما نحن؟ لا، مسيحيون ومسلمون متطرفون، إذن هذا هو الخلل.. هل القتال هو الحل؟ ماذا تستفيد الأطراف من كل هذه الفتن؟

أشار إلى النّادل أن أريد زجاجة ثانية، ثم ثالثة ثم رابعة، حتى قطع خيال نهدين غير عاديين سلسلة أفكاره: إخلاص.

تُرَى مَن يضاجعها الآن؟ ماذا تفعل لوحدها لو اشتهت عِشرة رجل يُشبعها في هذه اللّحظة؟ زوجها غير موجود.. كيف ستلعب بجسدها؟ أيّ إصبع ناعم في يدها يريحها أكثر؟

استيقظ من أحلامه المريضة، من نشوته، من تفكير غبي، ثم همَّ بالقيام مستندًا على الحائط الذي بجانبه، ارتمى على الكرسي ثم قام متحاملاً على نفسه، وأردف:

- الذي لا يذوق العنب ينعته بالحموضة.. ولكن مَن صاحب المنشورات اللّعين؟

ولن يجد الجواب.. حتى لعن يومه وخرج من البار يترنح قليلاً و يقف قليلاً حتى جلس على الرّصيف في شارع خالٍ وغرق في التّفكير.

❑❑❑

31

ها هو يستيقظ بركلة على جانبه الأيمن:

- انهض.

فتح عينيه بتثاقل وكأنه أفاق من نومة 100 عام، ينتظر أن يستعجلوه بغرزة سكين أو أن يسقوه سُمّا ليستريح.

- سنفرج عنك بعد سويعات.

رفع حاجبيه واتسعت عيناه المتعبتان، هل هي لعبة؟ بلا شك، فهم يجيدون الاستهزاء بحياة البشر. نادى الرّجل مخبرًا آخر ليساعده في رفع عدنان إلى الحمّام. الحريّة بعد السّجن هل يعقل؟ قضيّة سياسيّة، معتقل يخرج منه صرصورًا مدعوسًا عليه، فَقَدَ أطرافه وشنبَه الطّويل، تساؤلات تدور كنحلة وتطن حول أذنه، يتحامل على نفسه لكي يصل الحمّام وهو متكئ على المُخبر، لا يقوى على السّير، الوجه تغطيه الكدمات والجروح، كيف سيلقى إخلاص؟ لا يهم النّاس.

ولسوء حالته قرّر الضّابط أن يتم توصيل عدنان إلى بيته بسيّارة الدّولة، ويلقوه ككيس قمامة أمام الدّار، تحت جنح الظّلام بعد أن يتأكدوا أن الحارة قد خلت من المّارة والكل نيام.

وصلت السّيارة إلى الحارة التي كانت ساكنة تحت جنح الظّلام.

ترجّل المُخبر من السّيارة وطرق الباب بهدوء بعد أن ألقى زميله الآخر بـ«عدنان» أمام البيت، استمر في طرق الباب، حتى استيقظت إخلاص خائفة، اطمأنت على صغيرتها التي كانت غارقة في النّوم بجانبها، ثم قامت لتلقي نظرة على الولد والبنت.. لتجدهما هما الآخران في سبات عميق، لم تشأ بادئ الأمر أن تفتح الباب لولا هاجس عدنان انتابها، ترددت مرة ثانية واحتضنت جوّالها، أرادت أن تتصل بأي رقم، عدلت عن رأيها، اقتربت من الباب، وبصوت شبه مرتبك:

- مين؟

- جوزك عدنان أمام الباب قد أفرجنا عنه.. افتحي له الباب.

قال الرّجل بصوت منخفض.

ضربت على صدرها فزعة:

- عدنان.. (صاحت).

نكز عنصر الأمن عدنان بأن يتفوه بشيء وكان ملقى على الأرض:

- افتحي إخلاص أنا عدنان.. (قالها بوهن شديد).

انسحب الرّجلان على الفور وتركاه.. ثم استقلا السّيارة وأدار أحدهما المحرك وانطلقت بسرعة حتى غابت بعيدًا عن الحارة.

كانت نبرة عدنان متغيرة ولكنها لا يغيب عنها صوته ولو من بين مليون رجل، فتحت الباب رويدًا رويدًا، ثم على مصراعيه بعد أن رأته مُلقى على الأرض، ألقت بنفسها عليه كالمجنونة، أخذت تقبله بحنان واحتضنته، قبّلته، رفعت كفّه لتقبِّلَ باطنه باكيةً، وضمته على وجنتيها، حتى عاجلها عدنان مستاءً:

- يا بنت الحلال.. إلى الدّاخل يا حرمة سنصبح فرجة للناس.

رفعته وهي تتطلع إلى وجهه فرحة بعودته، وجهه المهشّم، وعينيه المغلقتين، لا يهم سيرجع كل شيء كما كان المهم هو حي.. تحاملت على الحائط لترفعه، تحاملت وأسندته، في صحوة استجاب لها فاتكأ على كتفها كاتمًا صراخه، ضربت الباب بظهرها.. وصلا إلى غرفة النّوم، وسَجَّته على السّرير قبل أن تهرع إلى هاتفها لتطلب الدّكتور.

بعد ساعة حضر الدّكتور وكان في الأربعين من عمره، يبدو عليه الشّهامة، حيّاها ودخل ليكشف على المُصاب.. وبعد الكشف أخبرها بأنه يجب نقله للمستشفى لعلاج الكسور والرّضوض وإلا فحالته ستسوء أكثر.. ولكن يمكن تدارك كل المضاعفات وذلك بالإسراع إلى نقله للمستشفى.. وافقت إخلاص وتم نقل عدنان فورًا إلى المستشفى.

❑❑❑

كان العلاج مُهمًا وإيجابيًّا في شفاء عدنان من الرّضوض.. بعد أسابيع، انقشعت الأورام جزئيًّا من وجهه وإن تركت مسحة بنفسجيّة، أمّا الأصابع المكسورة والضّلوع فجعلت حركته عسيرة مؤلمة يلعن الكون ومَن فيه إذا عطس أو سعل... ونُقِل عدنان إلى البيت بعد أن تأكد الدّكتور أنه قد تجاوز مرحلة الخطورة.

بعد أيّام من الهدوء والرّاحة كانت إخلاص تحاول بطريقة ليّنة أن تستحثه بصمتها أن يقصّ لها ما حدث، رغم فرحتها الكبيرة بعودة بعلها، كانت تسأله ولا يجيب، رغم فضول نهم يجتاحها، تستدرجه بطريقة ذكيّة إلى الكلام، فيفرغ بدوره رغم أوجاعه ما في جوفه بعد أن تفلت منه أعصابه.

❑❑❑

32

في أحد الأيّام، اتكأ على عكازته وتحفّز ليغادر البيت، حاولت إخلاص أن تبقيه في البيت فرفض، ولم يلتزم بكلامها، تجاهلها كعادته وغادر إلى الخارج ببطء. وقف أمام مسجد الصّومالي، كان أبو أحمد يتعامل مع أحد الزّبائن وما إن رأى عدنان حتى أنهى الكلام مع الزّبون بسرعة وخرج لاستقبال عدنان بترحيب حار، مسك ذراع عدنان باسمًا وسحبه إلى الدّاخل.

- أهلاً بأخي العزيز.. (ثم وبصوت خافت): لا تنسَ فأنتَ مراقب.. حافظ على ابتسامتك.. يا مرحبًا يا مرحبًا.

- أعرف.. (أجاب عدنان بالنّبرة نفسها).

جلسا في محل الإنترنت ولم يدخلا إلى الجامع، وكان المحل شبه خالٍ إلا من زبون ينصت إلى أغاني «يوتيوب» ويهز بمنكبيه حسب إيقاع الموسيقى.. حتى أردف عدنان:

- كيف السّبيل إلى الانتقام يا شيخ؟ لقد دمروني.. انصحني بالله عليك.

- على رسلك قليلاً ومِنْ ثَمَّ ستأتيك النّصائح. فقط الزم الصّبر، فأنا أدرك ما أقول.

- أخاف أن تنساني يا شيخ.

- أيّام وستكون بمأمن من هذه الهواجس، نحتاج إلى الصّبر.. وكل حركة نخطوها لن تتم قبل التّأكد من زوال الألغام التي من حولك.. ضع ثقتك

بالله وبي، أنا أعرف شغلي جيدًا.. فقد أنقذت الكثيرين قبلك وأوصلتهم إلى بر الأمان.

أبوأحمد كان يُدرك أن مراقبة عدنان لن تدوم طويلاً.. فما دام هو بريء فلن تطول مراقبته إذا كان يتصرف بشكل طبيعي.. وأيضًا كانت له علاقات مع رجال الأمن، وأي معلومة يريدها سيجدها بين يديه؛ المال يفعل المعجزات.

اطمأنت أسارير عدنان من كلامه ثم قال فجأة:

- سأنتقم من السّلطة ومن الضّابط الذي عذّبني.

- هذا من المفروض عمله بعد مدة وليس الآن. اسمع عدنان.. الانتقام ثم الانتقام ولكن بالعقل، لا تتهور فيضيع كل شيء.. لدينا إخوة يسعون إلى إقامة نظام عادل جديد ضد هذه الأنظمة، وأنا علمت بكل ما حصل لك من ضرب و إهانات، ولكي تنتقم عليك بالعقل، على الأقل نحتاج شهورًا أو سنين لكي نعيد لك حقك.. الله أعلم.. أمّا معونتك الماليّة فقررنا بالإجماع مساعدتك.

- أي معونات يا شيخ؟

- إخوتنا في الله علموا بمصيبتك، التي هي امتحان من الله، إن شاء الله، وأراك قد نجحت فيها، وسأعطيك ظرفًا فيه إيجار البيت وبعض المال لتغطية احتياجاتكم العائليّة، سوف يكون لك راتب شهري وأي شيء تحتاج إليه نحن سنوفره لك ونحميك؛ لا تقلق.

قبل أن يسأل عدنان أخرج الشّيخ من جيبه ظرفًا مطويًّا وناوله لـ«عدنان»، انذهل الأخير ثم أردف:

- ما هذا يا شيخ؟

- ليس كثيرًا عليك أيها البطل، كل شهر لك مثل هذا بل أكثر، اذهب إلى دارك ولا تزورني بعد الآن قبل أن أطلبك لحين زوال المراقبة.. في داخل الظّرف شريحة تليفون جديدة ستضعها في محمولك وفي الأوقات التي سأمليها عليك لنتصل ونلتقي بشكل دوري.. سأرتب لقاءً بعيدًا عن إثارة الشّكوك والشّبهات.. عندما تخرج من هنا قم بزيارة عدد من أصدقائك واجلس معهم كما جلست معي ولمدة معينة ولكن لا تُكثر من اللّقاءات.. زيارة الأصدقاء مهمة في وضعك هذا.

- شيخ.. هل هذا المبلغ لقاء شيء معين؟

- لا، بل لكل فقير نقتنع بمساعدته، ولستَ أنتَ فحسب، بل نحن نساعد الكثيرين من العوائل المتضررة.. لك أن ترفض أو أن تقبل بالمساعدة فهي ليست إجباريّة أخي عدنان.

أشار أبوأحمد إليه بحركة من رأسه أن عليك أن تغادر الآن. تلقّى عدنان الإشارة وفهم مغزاها ثم قام متكئًا على عكازته بعد أن أخفى الظّرف في جيبه قائلاً:

- شيخ.. سأنتظر مكالمتك.

- عليك أن تنتظر كل الخير، فمن اليوم لن تنقصك حاجة إن شاء الله.

أمسك عدنان كف الشّيخ وقد فاضت عيناه بالدّموع:

- لا أعرف كيف أجازيك.. لم يهتم بي أحد غيرك.

ابتسم أبوأحمد بابتسامة تخفي مكرًا ودهاءً، ثم أردف:

- نحن إخوة.. فمن لا يهتم بأمور المسلمين فليس منهم.

■■■

الفصل الثاني
سموم وادي الأفاعي

□□□

اعتنى أبوأحمد الصّومالي كثيرًا بـ«عدنان»، كان يتوق لمعرفة أسرار عمله السّابق كضابط طيار قديم، اهتم بشئونه الاجتماعيّة وتقرب منه وساعده وكسب ثقته، بل لم يكن عدنان ليرتاح إلا لـ«أبوأحمد» الذي احتواه بشكل كبير.. تحرك أبوأحمد بحكمة وحذر بالغين، ونجح في عدم إثارة الشّكوك بخطوات مدروسة وخطوات طبيعيّة، إضافة إلى محاضرات دوريّة مهمة في الدّين تأثر بها عدنان جدًا.. أسلوب أبوأحمد المرن جعل عدنان ينجذب لحضور المحاضرات وبدون كلل أو ملل لما تحتويه من كلام في الرّحمة والأخلاق تجعل المستمع يرتاح جدًا ويطبق ما يسمعه بشكل أو بآخر.

تثير محاضراته الرّاحة النّفسيّة في نفس المستمع، لأن أكثر مَن كان يستمع لمحاضرات أبوأحمد هم من المظلومين والّذين عانوا من اضطهاد السّلطة، فتكثفت الدّورات التي تميزت ببساطة أسلوبها وإضافة نوع من الثّقة الذّاتيّة إلى الضّحيّة وبناء شخصيّة أخرى له تحت غطاء الدّين، يمنحون الثّقة المطلقة في نفوس ضحاياهم ويقنعونهم بأنهم دائمًا على حق.

أما مغزى كل هذه الخطط والمحاضرات فهو الاستعداد لبناء شخصيّات متطرّفة، غسل الأدمغة، وما بين سطور كلماتهم الرّنّانة ما هي إلا إثارة حيّة للطّائفيّة لا يميزها إلا الدّارسون والمثقفون. دعوة إلى بناء منظمّة قتل تحوي النّاس بمحاضرات ظاهرها رحمة وباطنها تطرّف ونقمة.

عدنان، الضّحيّة، هو مَن ينطبق عليه حق الانتقام ممن ظلموه، وأساءوا إليه، كانت الدّروس تتكتل في رأسه ثم يهضمها الدّماغ إلى خلق نزعة وفكرة

بالانتقام من الّذين حطّموا حياته، بل حتى عندما انشق لم يساعده أحد من مسئولي الجيش الحر أو النّصرة في إعانته مما زاد من نقمته عليهم، وتخلوا عنه وحتى الآن لم يتصل به أحد ليطمئن على صحته، كأنه حيوان، أو أداة انتهت صلاحيتها فكلهم عار على الإنسانيّة، و«الدّولة» هنا قد جاءت في الوقت المناسب على حسب ظن عدنان.. هذا ما كان يدور في رأسه وهو يتجه إلى بيته واثق الخطى.

1

في أحد الأيّام اتصلت الصّوماليّة أم علي بـ«أبو أحمد»:

- آلو.. كيف الحال، هي جاهزة الآن شيخي الجليل.

فاغتبط جدًا قائلاً:

- أحضريها، لدينا محاضرات في دروس القرآن للنساء، ساعديها لو احتاجت المال، إلى أن أحضر وأراهـا.. تبدو رائعة في الصّورة.. مممممم، لماذا تأخرت؟

- كانت خائفة يا حاج.

- شيء طبيعي أن تخاف، لا تقلقي ما دمت موجودًا.

- بارك الله بك يا شيخنا الجليل.

اتفقا على اللقاء عند المساء قبل أن ينهيا المكالمة.. وبالفعل حضرت المنتقبة أم علي، سلمت على أبوأحمد ودخلت.. أخذت مجلسها في الزّاوية اليمنى للدكان، حتى أنهى أبوأحمد الاتصال هاتفيًّا مع أحد الزّبائن.. توجه إليها وكلمها بالصّوماليّة بعد أن سحب كرسيًّا وجلس أمامها:

- كيف حالك؟

أخرجت صورة ميساء وسلمتها له من تحت العباءة.. قائلة:

- صورة قبل ساعتين، تبدو أكثر نضارة رغم ما فيها من المصائب.

اتسعت حدقتا عينيه ثم ابتسم بمكر وغمز بعينه اليسرى قائلاً:

- ناضجة.

- وفاكهة مستوية، لا غبار أو شك في ذلك.. بضاعتي نظيفة.

- بكم؟

- 400 دولار.

- كثير، هذه لا تساوى أكثر من 150 دولارًا.. على رسلك معي، المرة السّابقة لم تكن بضاعتك بالمستوى المطلوب.. نفر منها الرّجل، لا خبرة لديها بتاتًا في أسلوب الـ69.

- ولكن أخذها أبوقتادة على الفور، وهي الآن زوجة لأحد أمراء «الدّولة».

- يئس منها، وسيسلمها متبرعًا لبيت الجاريات، ليأخذها غيره، خسر كثيرًا عليها.

- ميساء تساوي أكثر.

- وما أدرانا بها، بضاعة لم تُجرّب بعد.. إضافة إلى ذلك نحن بحاجة إلى انتحاريات هذه الأيام.. السّبايا كثرن.. ولكن نريد الآن نساء للقتال.

- شيخ.. 400 دولار ولا أقبل بأقل (قالت جازمة وبحزم).

وبعد نقاش طويل اضطر أبوأحمد بالقبول بعد أن يئس من إقناعها:

- حسنًا، ولكن يجب أن أراها قبل الدّفع، فالسّمك لا يُعامَل تحت الماء، إن لم أرَها وأتلمس مزاياها.

- حاضرة وقتما تشاء.

- غدًا سأزورك بعد صلاة العشاء، زوجك مسافر ولا أعتقد أن ذلك سيؤثر على زيارتي.

صوته وشى برغبة حادّة في قضاء ليلة حمراء..

- ما زال في دبي.

ثم غمز بعينه اليمنى بخبث بالغ:

- مضى وقت كثير على...

فقاطعته:

- لا مزيد من الفُحش، علي ابني كبر وبات يفهم أمور الحياة جيدًا.

- عشر سنوات، ليس بذاك البلوغ، ينام مبكرًا.

- نعم، عشر سنوات ولكن عقله الآن يزن البلد.

لم يكن علي هو المانع، فالشّيخ الجزائري يأخذ نصيبه من العشق في كل ليلة، وسخي، يجود بالمال كالسّيل ولا يهتم، إضافة إلى أنه ينجز أمورها اليوميّة ويقضي حاجاتها على أتم وجه، عكس أبوأحمد الصّومالي الذي عُرِف ببخله وجشعه وخسته.

- طيب، لكِ ذلك أم علي.

قالها في تسليم تام، بعد أن علم أن محاولاته لن تجدي نفعًا معها.. ثم قام منهيًا اللّقاء بعد استياء اجتاحه من معاملتها:

- غدًا إذن.. (قالها وانصرف نحو الكاشير بامتعاض، وقامت هي من بعده وهمّت بالانصراف وفي عينيها يلمع بريق الانتصار على هذا البخيل).

صعدت السّيارة ثم ابتعدت عن الحارة لتقف في مكان يصلح لإجراء مكالمة هاتفيّة:

- الحامدي، حبيبي.

- كيف أنت؟

- دفع 400 دولار لقاء الطّبخ.

- خسيس كالعادة.

- نعم كالعادة، لم يتغير شيء.

- يبحث دائمًا عن الرّبح الوفير، سيبيعها بأكثر من ذلك.

- ولن ترفض البنت أن تسمع أوامره، لظروفها البائسة كما تعلم.

- المهم سأحاول أن أتكلم مع أحدهم لكي نغير المعاملة في المستقبل ونلتفت إلى أعمالنا، اليوم سيحضر إليّ زبون رائع وبانتظاره الآن.

- طيب، أتركك وسأنتظرك اللّيلة.

- طبعًا حبيبتي قادم ومعي أرقى أنواع الشّراب الذي تحبينه.

كان الجزائري على موعد مع أحد رجال «التّنظيم» لإرسال وجبة متطوعين تم كسبهم إلى سوريا، كل رأس تم الاتفاق عليه بمبلغ 500 دولار.. وهذه المرة مطلوب تجنيد انتحاريين ويجب أن تكون العمليّة دقيقة، والسّرّيّة التّامّة مطلوبة لتنفيذ المخطط والاستيلاء على أكبر قدر ممكن من الأراضي لضمّها إلى حدود «الدّولة الإسلاميّة»، فقد كانت «الدّولة» تخطط للتوسع وقد أعدّت خطة لهذا الغرض.

□□□

2

ميساء.. ضحيّة الظّروف ووقعت بأيادي من لا يرحمون، ليست العمليّة بجديدة عليهم، الأجندات تتحرك في الأراضي العربيّة بحريّة، والحكومات مذهولة من هذا التّنظيم التّنين، وكأنها كانت في سُبات عميق حتى ظهر التّنظيم فجأة وهدد مصالحهم.

عندما زار أبوأحمد بيت أم علي، كانت الأخيرة قد أخبرت ميساء بأنهم سوف يزوّجونها لشاب ينوي الاستقرار وسيأخذها إلى أوروبا، ورغم ذلك كانت عابسة، نافرة، متحاشية النّظر في وجه أبوأحمد الذي ابتسم بخبثه المعهود ثم دعاها لتجلس إلى جانبه على الأريكة، ولكنها فضلت الوقوف في الصّالة على الجلوس بجانبه.. دفعتها أم علي برفق حتى استجابت، وجلست بمسافة تفصل بينهما، اقترب رويدًا رويدًا منها، كانت تحاول الابتعاد دون جدوى، نافرة منه وكأنه مسخ سيصيبها بالجرب، ثم أردف من غير أن تتغير ابتسامته رغم علمه بنفورها منه:

- يا صغيرتي.. نحن من سننقذك، ولأن الله يحبك أرسلنا إليك، أم علي أخبرتني بمصيبتك، وإن خرجتِ من هذا الباب سوف تقعين في يد القانون الظّالم.. قتل جنرال كبير ليس بالأمر السّهل.. (قال بمكر).

ارتعبت ميساء.. ورمت أم علي بنظرة غضب واستنكار شديدين، كيف وشت بسرّها لهذا المسخ؟ ثم استدركت أم علي محاولة إصلاح الموقف بعدما لحظت ازدراء ميساء وأردفت:

- إنه الشّيخ أبوأحمد، له علاقات واسعة في البلد وعليه أن يعرف بأمرك ليساعدك حبيبتي، لقد ساعدنا أناسًا أشدّ بلاء منكِ، فلا تقلقي أبدًا.

كانت أم علي كاشفة عن وجهها ورأسها، ولم تضع الخمار كما جرت العادة أمام الغرباء بل كانت تتصرف أكثر حريّة وكأنها أمام زوجها.. تلبس جلابيّة سوداء براق ويحصر جسدها بشكل بارز ولا سيَّما ذلك الخصر المتناسق الذي لم يمنع الشّيخ من إطالة النّظر إليها. النهدان بارزان، الشّعر الأسود الفاحم يصل إلى الخصر القاتل.. سمراء، جمالها خيالي، تزين وجهها شامة على شفتها العلوية، وعينان واسعتان تسجلان في قلب النّاظر ذبحة من العيار الثّقيل.

- ميساء، إن قبلتِ أن ننقذك بطريقتنا فأنا مستعد من الآن لإجراء اللّازم.. وإلّا.. (سكت لحظة كأنه يجس رد فعلها من خلال شرود عينيها) ستحاكمين بالإعدام.. ونحن غير مسئولين عن حمايتك.

لم ترد ميساء.. مضت ساعتان ملتزمة الصّمت.. تنصت ولا تبدي أي رد فعل غير الشّرود.. وأبوأحمد يحدثها بشهوانيّة ومكر وأم أحمد تراقب بمكرها المعتاد..

إمّا قبولها بزوج غامض لا تعرف من هو.. أو ستكون زوجة لمن؟ ماذا لو كان الزّوج متشددًا وجهاديًّا ويعود بها إلى سوريا (وهذا مستحيل).. أو من بلد ثانٍ يهاجر بها إلى مكان مجهول ويتركها.. الله أعلم.

أصبحت بين المطرقة والسّندان.. لا تقدر أن تهرب منهم.. ولا أن تبلغ عن نشاطهم المشبوه.. فلن يصدق كلامها أحد، فهي بحُكمهم مجرمة هاربة من يد العدالة.. هي قاتلة ولن ينفعها العناد.. كيف ستتصرف؟ مأزق ولكنه ليس كأي مأزق.. مصير مجهول بانتظارها وكأنه كابوس لن ينتهي.

- لماذا أنا يا رب؟ (تساءلت بيأس).

والظّاهر فالقبول سيكون قرارها على الأقل لتخرج من هذا البلد اللّعين.

3

واظب عدنان على زيارة أبوأحمد الصّومالي في المسجد الصّغير.. وكان الأخير يساعد عدنان في سد احتياجاته العائليّة والشّخصيّة.. أحضر لـ«عدنان» القات، وكان الأمر صعبًا في بدايته لجعله يدمن الحشيش أو يمضغ القات.. حتى مرت الأيام والشّهور تعوّد عدنان على هذه الأمور وودّ نشعة ما بعدها نشعة لكي ينسى همومه.. حتى تطورت الأمور إلى سهرات خاصة دخن فيها الحشيش وتناول أنواعًا من الحبوب المخدرة.. قدّم إليه أبوأحمد فتاة صوماليّة جميلة وعقد بينهما وأكمل سهرته معها.. وهكذا جرت الأمور كل ليلة وطابت له شيئًا فشيئًا الحياة الجديدة.. تعوّد عليها عدنان.. محاضرات دينيّة وجلسات مع الشّيخ، مخدرات ونساء، وبالفعل كان لفتاوى أبوأحمد دور مهم في جعل هذه الأمور تتميز بطابع وتأثير خاص في تصرفات عدنان التي تقبّلها برحابة صدر.. وتحليل الشّيخ للقات والحشيش على أنها ليست من المحرمات كما الخمور لأنها نباتيّة، بل الحرام لو حرمت على نفسك ما خلقه الله، واستشهد بالآية: ﴿يَٰٓأَيُّهَا ٱلنَّبِيُّ لِمَ تُحَرِّمُ مَآ أَحَلَّ ٱللَّهُ لَكَۖ تَبۡتَغِي مَرۡضَاتَ أَزۡوَٰجِكَۚ وَٱللَّهُ غَفُورٞ رَّحِيمٞ﴾ [التحريم: 1].

أي كان يقول لـ«عدنان»: لِمَ تحرم على نفسك أشياء، والله قد أحل لك ما حرمته على نفسك، فلا يجوز أن تكون فريسة للتشدد، كن منفتحًا والعالم في تطور وهناك بعض الفتاوي التي صدرت من 1400 عام لا يجوز العمل بها

الآن، لأن لكل حادث زمانه.. صدّق عدنان كل شيء يخبره به أبوأحمد، بل لم يناقش بشيء، وارتاح جدًا لفتاويه.

وأيضًا كان لـ«عدنان» نصيب كبير في الزّواج المؤقت.. نسى أنه أب لثلاثة أطفال وإخلاص التي تحبه، واستشهد أبوأحمد بالصّحابة وسيرهم الذّاتيّة لإقناع عدنان أكثر وأكثر بأنه يجب إن يتغير نحو الأحسن، فالصّحابة -حسب ادعاء أبوأحمد- كانوا يمارسون هذه السّنّة النّبويّة ولا سيّما أوقات الحروب والجهاد.

تغير عدنان كثيرًا، التحى، وبدأ يفكر جديًّا بالانتقام من النّظام.. وفضّل تقصير بنطاله، حتى وصل الأمر به إلى فرض النّقاب على إخلاص التي تفاجأت بذلك، ولم يعجبها، بل رفضت وهددته بأنها ستهجره لو استمر بجنونه.

لمست إخلاص فيه تغيّرًا جذريًّا، قلقت عليه جدًا، وعرضت عليه بالبداية أن يتخلص من اللّحية، ولكنه صدمها بأحاديث تحث على إطلاق اللّحى وتقصير الثّياب، خافت منه كثيرًا، وكانت تتهرب من معاشرته، واعتقد عدنان إن سبب ذلك هو عدم رضا إخلاص عن إيمانه الذي ازداد بفضل من الله.. وعندما أخبر أبوأحمد بذلك.. أجابه بفتواه المعهودة بأن إخلاص كافرة ولا يجوز أن يعاشرها، وعليه بالزّواج من غيرها، وهجرتها واجب إسلامي وإلا فـ«عدنان» سيكون شريكها في الكفر وسيُخلّد في النّار.

ظلت إخلاص رغم ذلك صابرة فقد فهمت أن عدنان سقط في هاوية المتشددين وخافت البوح بذلك.

اشتكى عدنان ذات يوم تصرفات إخلاص إلى أبوأحمد وعن امتناعها عن لبس الحجاب فأجابه:

- الإيمان يأتي بالصّبر لو كانت فعلاً مسلمة، يا شيخ عدنان هذه بالشّرع تعتبر كافرة، تزوج من غيرها.. فزوجتك في حكم الدّولة الإسلاميّة فاجرة وعلينا رجمُها.. هل علمت الآن الفرق بين حُكم الدّولة الإسلاميّة وهذه الدّولة الكافرة التي تحكُمنا.. أدعو الله بالنّصر لنكون في أمان.

- شيخ.. لا أستطيع فراقها.. والأطفال؟

- لا طلاق في الأمر، اهجرها (واهجروهن بالمعروف) يا شيخ عدنان، تذكر أن لك أن تتزوج من أربع.

ثم رَبَتَ على كتفه وكانا جالسين في الدّكان:

- قم معي لتصلي بنا الجماعة يا شيخ عدنان، فأنت الآن وصلت لمرحلة الإمامة، وبعد شهور من الدّورات الإسلاميّة فأنت تستحق المشيخة.. مبروك. (ثم هامسًا في أذنه): الآن يحق لك أن تكون أمير جماعة، ويحق لك الجهاد ضد من ظلموك، وستجد أن هناك رجالاً سوف يدافعون عنك حتى الموت.

اتسعت عينا عدنان من البهجة.. فما سمعه ليس أي كلام.. إنها بداية البُشرى، سيتحقق حلمه وسيكون أهلاً للقيادة فهو ذكي وبارع في كل شيء.. بداية مميزة.

ولكن ما نهاية الغرور بالنّفس يا تُرَى؟

أبو أحمد عندما يَعِدُهُ بشيء يفي به.. وعده بالمال فوفى بوعده، أعطاه مالاً كثيرًا وفوق ما يحتاج أيضًا، وبإمكانه الآن أن يشتري كل شيء. وزوَّجهُ عدة مرات ومن أجمل النّساء، وبلا عدد محدد.. وهُنّ جاريات وهو كالأمير وسيبقى أميرًا ما دام يحيا..

ففي كل ليلة كانت كل واحدة تذوب في مضجعها معه ويُطبّقن توصيات أبو أحمد بالحرف الواحد لإغواء عدنان.

فكر أبوأحمد فكرة جهنميّة في هذه الأثناء.. كيف فاتته.. اللّعنة على الشّيطان، ميساء..

كيف نسي هذه الخطة؟ عليه أن يزوجه لها ويزج به إلى أرض الجهاد.. أما كيف سيدبر الأمر، فهذه خطته ولعبته..

عدنان لن يعارضه بشيء، خصوصًا أن الأخير لديه رغبة في القيادة ومغرور، على الرّغم من أنه إنسان كفء ومحارب وقائد قديم ولكنه سهل المنال، عدنان معجب بنفسه جدًا، خصوصًا بعد سلسلة المحاضرات.. انتفخ جدًا وصار من المختالين، وكم من مرة كان يمدح بقدراته أمام أبوأحمد والجماعة، لم يعارضه أحد، فهذا ما يريدونه بالفعل، ولكن لكل شيء وقته المحدد..

و«الدّولة» تبحث عن مثل هذه الشّخصيّات ولن تعترض أن ينضم إليها..

إذن إلى الخطوة القادمة.

◻◻◻

4

مادت الغرفة بها للحظات فارتعشت أطرافها واجتاح جسدها عرق بارد فقامت لا إراديًّا وغادرت إلى حجرتها.. تبعتها أم علي وأبوأحمد، وقال الأخير:

- هذا زواج وليس لعبة، لن ينقصك شيء.. الرّجل طيب ويُعتمد عليه كزوج.. نريد تخليصك من مصيبتك قبل أن يصل إليك الكافرون من الشّرطة.. ونحن بعدها سننصرف إلى أعمالنا.

تجاوزته أم علي تكتم غضبها قائلة:

- شهران لم نقصر معك ولم نسألك أن تردي لنا الجميل، وتحمّلنا مسئوليتك.. الحكومة أعلنت في الصّحف عن صورة تقريبيّة لقاتلة الجنرال.. خذي (كانت تمسك بصحيفة وفيها صورة مرسومة باليد تحمل ملامح ميساء).

رمت الصّحيفة في وجه ميساء.. أخذتها ميساء وتطلعت إلى صورتها التّقريبيّة المرسومة باليد.. انذهلت من التقارب بينها وبين الصّورة.

ثم أكملت أم علي:

- يجب عليك أن تتزوجي هذا الرّجل.. وإلا فسأضطر إلى تسليمك بنفسي (قالتها بنفاد صبر).

- أرجوكم.. لجأت إليكم لكي....

- ونحن لم نقصر معك، أكل وشرب وما زلنا نهبك ما تتمنين.. (ثم التفت إلى أم علي قائلاً): أم علي..

- مولاي الشّيخ.

- انتهى سوف تتزوج عدنان، لقد قُضي الأمر ولن يتغير شيء.. سيسافران معًا إلى أوروبا وهكذا ستنجو ميساء من الحكم الجائر.

- ولكن كيف؟ (تساءلت ميساء قبل أن تجهش بالبكاء).

- خارج هذا البلد ستكونين بأمان.. نريد مصلحتك، غدًا سياتي بعلك الجديد.. وانقضى الأمر.. مفهوم يا بنت (صرخ بوجهها وأرعبها).

لم يكن لديها خيار آخر سوى الانصياع للأمر، حركت رأسها خوفًا معلنة عن موافقة تمت تحت وطأة التّهديد.

❏❏❏

5

تم تسَلُّم خطة تجنيد عدنان النّهائية وتهيئة زجّه في صفوف «الدّولة الإسلاميّة» من قبل القيادات في «داعش»، التي وافقت بوضع خطة محكمة لجلب هذا الضّابط لما يتمتع به من خبرات عالية في المجال العسكري.

أبو يزن الحارّي: رجل ضخم الجثة، قوي البنية، له نظرة حادّة يثقب بها قلب عدّوه ويفزعه.. له صولات وجولات حربيّة دامية مع الجيش الحر وحزب الله.. نجا عدة مرات بأعجوبة من موت محقق.. لا يعرف الموت طريقًا إلى قلبه ومستميت.. قامته الطّويلة أضافت له هيبة وثقة عاليتين في نفسه، وجعلت خصومه يهابونه لما يمتلك من قدرات السّفّاح القاتل بلا قلب.

مزواج، يعشق النّساء، شهواني جدًا.. نافسهُ أحد القادة في معظم الغزوات والمعارك في ساحات القتال على النّصر.. وما إن سمحت له الفرصة واختلى الحارّي بالقائد في إحدى المناطق القتالية حتى وجّه طلقة إلى رأسه من الخلف غدرًا، من مسدس الحارّي الشّخصي، ثقبت رأسه وخرجت من جبينه مخترقة أحشاء الدّماغ.

غدر الحارّي للمقربين من أصدقائه في «الدّولة» ليس بالأمر الغريب، فلكي يحوز صلاحيات القيادة للفصائل، والارتقاء إلى الأفضل والمجد، يجب أن يتخلص من منافسيه.

أمّا عن ماضيه فمن هو أبو يزن الحاري؟

أبويزن الحارّي:

كان إمام مسجد في صيف سنة 1999 اللّاهبة، يُصلّي بالنّاس، وبعد صلاة الظّهر بعد أن فرغ الجامع تمامًا من المصلين، إلا من صبي قاصر، بقي يلهو في ساحة الجامع مع الطّيور.. راودته نفسه على فعل الرّذيلة معه وناداه ليدخل غرفة الخطيب..

وأثناء اختلائه مع الصّبي، دخل الغرفة وبدون قصد رجل مسن في الثّمانين وشاهد الحارّي يمارس الفاحشة مع القاصر وكان الأخير مستسلمًا للحارّي..

لم يترك أبويزن الشّيخ المُسن ليمر بسلام بل سحب الشّيخ إلى الدّاخل الذي لم يستطع الحراك من شدة الصّدمة، بعد أن نفض الحارّي الصّبي إلى الخارج.. ثم مال على رقبة الشّيخ ليخنقه، بعد أن انقضّ على خناقه بقوة ولم تأخذ العمليّة منه إلا ثواني معدودات وفارق الحياة لضعف جسده الذي لم يتحمل قبضة الحارّي..

أدخل جثته إلى المسجد وأمال الشّيخ إلى وضع السّجود لتدل العمليّة على أن الوفاة كانت قضاءً وقدرًا.. وأن الله توفّاه ساجدًا.

واتصل بأهله وأخبرهم بالحادث.. وتكفل بدفنه والصّلاة عليه.. ولكنه اختفى بعدها خوفًا من انكشاف أمره.

تم سجنه عدة مرات لانتمائه لحركة «الإخوان المسلمين»، وخرج بعد سنتين ثم ما لبث أن هرب إلى ألمانيا ومِنْ ثَمَّ إلى لندن ليكون رئيس جمعيّة «الاتحاديين لعلماء ومشايخ المسلمين».

وازداد نشاطه الدّيني المتشدد، والتّحريض على الجهاد.. ثم انضم إلى «القاعدة» عام 2005..

ومِنْ ثَمَّ انضم إلى رجال الزّرقاوي، وبعد مقتل الأخير، كان الحاري وقتها من القادة البارزين قبل أن يلتحق بـ«تنظيم الدّولة»، في الشّام ومِنْ ثَمَّ إلى العراق، وعاد إلى الشّام مرة أخرى ليترأس أكبر مجموعة إسلاميّة ويبرز اسمه ويكون من ضمن القادة المهمين المطلوبين للعدالة.

كان «أبو يزن» على موعد ليستقبل عدنان وزوجته.. ولا سيَّما أن هناك معلومات وفيرة عن عدنان وصَلته عن طريق رجاله.. عن مركزه وكُنيته ونشاطاته السّابقة، ورتبته العسكريّة قبل أن ينشق.. وكل شاردة وواردة عن سيرته الذّاتيّة المليئة بتفاصيل عسكريّة حربيّة غنيّة للاستفادة منه في عملهم الجهادي، كما يزعمون.. إذ إن عدنان له خبرة واسعة في صنع صواريخ «كاتيوشا» وقنابل أخرى قاتلة.. حيث كان يعلم أنه لو كسبه بشكل مؤقت واستعمله لغاية معينة، فـ«عدنان» سوف يحلم لنفسه بمكانة بارزة في التّنظيم يصلح أن يكون قياديًّا في المستقبل، وتعوّل عليه مسئوليات جهاديّة أخرى.

وهذا ما يريده التّنظيم، إذن لا ضير من نفخه إلى أن تنتهي صلاحيته والتّخلص منه، حينها سيكون الأمر بسيطًا.

6

إنه لكابوس..

بعد أن مرت عدة أشهر قليلة وبسرعة خاطفة تم عقد قرانها عليه..

من هو عدنان؟ وهذه اللحية الشّعثة تغزو وجهه.. والشّعر كالشّعر النّسائي الطّويل وكأنه من أصحاب الكهف..

وملابس قصيرة، وتصرفاته لا تدل على أنه شيخ.. ولكن يحاول أن يتصرف كالشّيوخ.. ماذا لو كان «داعشيًّا».. ممكن.. فهم ظهروا مؤخرًا ويوجدون في كل مكان..

أين سيأخذها؟

لا تسألي شيئًا إن كنت تريدين النّجاة.. ستسافرين خارج البلد بأمان ونحن سنتكفل لك بذلك.. لن يطاردك أحد بعد أن تتخلصي من هذا البلد الثّقيل.

كلام أم علي لها دائمًا.. كلام مشحون برقة مصطنعة.. ومبطنة بتهديد وقسوة.

تم عقد القران في منزل أم علي تحت أجواء هادئة لم تدل على وجود أي أثر لعرس.. غير شاهدَين شهدا الزّواج وأكلا وشربا ثم باركا العروسين وغادرا.

بقيت ميساء بعد الزّواج في بيت أم علي إلى أن يحين السّفر.. يأتيها عدنان كل يوم ليضاجعها.. كان همّه أن يطفئ ثورته الشّهوانيّة ثم يسألها عن وضعها

فيما لو كانت مرتاحة معه أم لا؟ يلبّي لها ودون أي تردد كل احتياجاتها ناسيًا تمامًا إخلاص، وأنها زوجته، وأم لثلاثة أطفال.

أحست ميساء لأول مرّة بأن هناك رجلاً مسئولاً عنها.. لأنّ عدنان كان جادًّا في زواجه منها وعاملها بحنان على غير عادته مع بقيّة الزّوجات، فقد أحس هو أيضًا بشيء من الحب تجاهها، وهي أيضًا شعرت بالإحساس نفسه ولو مؤقتًا، لمست بالعلاقة الزّوجيّة نفحات من الأمان وشيئًا من الحب مغلفًا بالكثير من القلق، رغم الظّروف السّريعة والعجيبة التي جمعتهما.

كان عدنان قد اعتاد الحشيش وخصوصًا قبل أن يعاشرها.. لم تكن هي مرتاحة لذلك ولكنها مُجبَرة على قبول الأمر الواقع..

أم علي كانت تقبض أجرًا على كل شيء كالعادة، وحتى السّاعات التي يقضيها عدنان في بيتها.. والحشيش الذي توفره أم علي له كان بأجر مضاعف، ولكن لم يشتكِ عدنان من جشعها بل كان يبحث عن الرّاحة وحسب.

نسى عدنان حبّه لـ«إخلاص».. لا يراها إلا حين عودته للبيت في آخر اللّيل.. كان ينفحها المال بسخاء حتى فاض عن حاجتها، ولكنها كلما تسأله عن سبب تغيره لم يكن يعيرها اهتمامًا.. ويغادر البيت فجأة ولا يعود إلا ثاني يوم.. وأهمل أطفاله، ونسى أن يطل عليهم ليقبلهم وهم نيام، وإخلاص تلاحظ ذلك بقلق صامت وعيناها لا تكفان عن البكاء.. ما الذي غيّره فجأة؟

حاولت إخلاص أن تسأله عن ذلك التّغيير المفاجئ.. وجمعت شجاعتها وجاهرت بالسّؤال بعد أن طفح الكيل أخيرًا:

- لماذا هذا التّغيير؟

- الآخرة خير لنا وأبقى.

- أيّ آخرة هذه؟ تهجر زوجك وأطفالك.. هل أمرك الله أن تهجرنا لتدخل الجنة؟

- عندما ترفضين أمر الله بارتداء النّقاب، عندها تكونين من العاصيات لأمره ولا يجوز لزوجك أن يعاشرك.

- أهكذا تعلمت من الشّيوخ؟ وهل هذا ما أمرك به الله؟ هذا كلام الجهلاء والمتشددين ولم يأمر الله بهجر الزّوجة السّافرة.. هل أنت معتوه أم ماذا؟

لم يُجِب عدنان بل لزم الصّمت وكوّر قبضته بعصبيّة وما إن أرادت إخلاص أن تكمل حتى عاجلها عدنان ولأول مرة بصفعة قويّة على وجنتها لتهوى على الأرض ومن دون أن يرق قلب عدنان عليها أو أن يُعبّر عن ندمه، بل أشار بسبابته محذرًا إياها من إعادة ما قالته في المستقبل:

- والله إن تفوّهت بكلمة واحدة لأدفنك مع أطفالك.

ثم ولّى ظهره وخرج مسرعًا خارج البيت. كانت صدمة لها.. لم تنبس بكلمة، ليس خوفًا بل لأنها فهمت أن عدنان قد تغير ولن يعود كما كان إلا إذا رحم ربي.

❑❑❑

عدنان يتوق جدًا لحضور المحاضرات الدّينيّة المسمومة والاستماع باهتمام عالٍ للشيخ أبوأحمد والجزائري معًا.. والتي غيّرت مجرى حياته.

ففي البداية كانت تحث المحاضرات على الرّحمة ثم تغير الأسلوب إلى الانتقام من الظّالم ومن رجال الدّولة الكفرة، الّذين آذوا العباد.. كما آذى المشركون الرّسول من قبل.. فرجال الدّولة لا يختلفون عن المشركين بشيء ويجب أن يعاقبوهم بالموت..

لا شيء سوى الموت يمكن أن يغير الواقع.. الدّم بالدّم.. قانون وسموم وادي الأفاعي انتشرت في صفوف الشّباب المضطهد.

محاضرات تُكفّر الشّيعة والمسيحيّة والأديان الأخرى وتدعو إلى فرض الجزية عليهم، أو سبي نسائهم.. وإن عُرض عليهم الإسلام ورفضوا عند ذلك القتل ثم القتل.

اعتاد عدنان على المخدرات، وهي في فتواهم ليست حرامًا؛ لأنها، كما تقول الفتوى الجديدة: (نباتيّات).

والنّباتيّات لا تضر، بل تعالج أمراض القلب والسّكّر.. وتهبك الرّاحة من الهموم.. والله ليس ضد هذه الرّاحة بل مع راحة عباده.

كان عدنان يريد أن يجرب النّعشة أكثر، ويرتاح مع زوجه بطريقة أكثر.. فسأل أبوأحمد إن كانت المرأة مسموحًا لها بتدخين الحشيش وأخواتها كما الرّجل؟

برقت عينا أبوأحمد وهو يستعرض في مخيلته ميساء وهي عارية تدخن معه الماريجوانا.. لم يفهم عدنان سبب شرود الشّيخ.. ثم أفاق على صوت عدنان قائلاً:

- مولانا.. هل سمعتني؟

- نعم، نعم.. سمعتك شيخ عدنان.

ثم أخذ أبوأحمد يمسح بلحيته بمكر وقد تحضر للإجابة على سؤال عدنان قائلاً:

- بالعكس يا ولدي.. هي أيضًا روح ونفس.. وهي مثلك تشتهي كل شيء فلا تبخل عليها بل أنعم عليها بالمزيد.

- إذن، لا حرج من ذلك؟

- بالضّبط.. وزوجتك الأولى يجب أن تنصفها.. فالصّنف الماريجواني يجعلها تفيق وعندها ستجدها قد قبلت بالخمار.. ولكن بعد تجربة الصّنف الأخضر.. ستكون حياتك مع الأخضر آخر فرفشة.. عليك بإغرائها لتعرف أن الدّين ليس معقدًا بل بسيط.

- شيخ.. أنوي أن أتعلم الفتوى.

كان كلامًا مباغتًا هزّ أبوأحمد من الدّاخل، اتسعت عيناه وجمع نفسه لكي يُجيب هذا الأخرق الذي تمادى جدًا في غبائه، كما يقول لنفسه ساخرًا من سذاجة عدنان وتصديقه كل شيء رغم أنَّه ضابط ومتعلم، تساءل:

- الإفتاء؟ ومال برأسه إلى عدنان حتى أوشك أن يدخل في فمه..

- وهل تريد أن تتعلم الإفتاء؟

- ولِمَ لا.. لحيتي طويلة وأحافظ على الصّلوات وحفظت بعض ما تيسر من الآيات.. وأنتَ بنفسك شهدت لي بأني أصلح كشيخ.

- الفتوى هي نعمة من الله.. عندما تصادفك مشاكل دينية وتحلها بقانون الله وأن تحمي المجتمع من الرّذيلة.. حين ذاك تستعمل عقلك وتوازن الأمور.. ثم تطلق حُكمك بثقة عالية وبدون خوف.. الشّيوخ هذه الأيام يُصعّبون كل شيء وهذا هو سبب بلائنا وفشلنا..

مثلاً لو تشتهي تدخين الحشيش يحرمه عليك الشّيخ ويقول لك كل مخدر حرام.. ليُخيفك من الدّنيا بعذاب الآخرة.

السّيجار حرام، لأنك لا تذكر اسم الله عليه أثناء التّدخين.. وهذه بدعة.

البيرة الإسلاميّة عندما تطحن أقراصًا طبيّة وتمزجها ببعضها لتنتعش

يمنعونها.. مع العلم أنك لن تسكر، فقط تنتعش. وهناك فرق شاسع بين السُّكْر والنّشعة.

ثم سأل عدنان:

- هل ذُكر الحشيش في القرآن يا عدنان؟

- لا يا شيخ.

- إذن أين الحرام من هذا الأمر.

وزواج النّكاح وأنت في الجهاد واجب.. نعمة ربك حرّموها أبناء الزّنا والسّفلة من الشّيوخ.. وأمّا بنعمة ربك فحدث.. ما دمتَ جنديًّا من جنود الله فنحن بفتوانا نُيسّر لكم الأمور لكي نريحكم لا أن نزيد عليكم النّقم.

- بارك الله فيك يا شيخ (قال عدنان مقتنعًا بكل ما قاله أبوأحمد).

- ليكن التّوفيق ظلك.. أنت رجل وستبلغ درجة الإمامة وستكون في المستقبل أمير جماعة وعليك أن توازن الأمور لأنك سوف تُفتي في أمور جنودك يومًا ما.

- والله شوقتني إلى الجهاد يا شيخ.

- أنت استوعبت الدّروس وأنا أشهد لك بالإمامة يا شيخ عدنان.. والباقون سوف يساعدونك فلا تقلق.. ولا تحزن على أولادك فنحن سنعيلهم حتى ننتصر، أو حتى لو تكتب لك الشّهادة إن شاء لله فلن نتخلى عن عوائل الشّهداء.

ثم أشار بسبابته قائلاً بنبرة التّحذير:

- ولكن حذارِ أن تعرف زوجُك أي شيء عن سفرك فنحن اتفقنا هكذا معًا

منذ البداية وأنت وافقت.. هي سوف تعتقد بأنك ذاهب إلى تركيا لغرض العمل وفقط.

- نعم شيخ.

- أنت وميساء سوف تسافران بجواز سفر وتدبير هذا النّوع من الجواز هو من ضمن عملنا.. وخروجكما من المطار سنتكفله نحن أيضًا.. هذه المواضيع نحن من نقرر فيها فلا تقلقا.

- شكرًا يا شيخ.. فوالله أنا مدين لكم بحياتنا.

- عال، نحن سوف نوصلك إلى مقرّك الجديد وبلا مشاكل. بداية سيكلفونك بقيادة مجموعة صغيرة وبعدها سنرى كيف تجري الأمور، أنت ضابط ذكي وكنت قياديًّا قديمًا في الجيش السّوري.

ارتاحت أسارير عدنان، فها هو يخطو أول خطوة في بناء مركزه العملي -كما يعتقد- وقد قرر أن يثبت نفسه مهما كلفه ذلك..

كبداية سيتسلم مجموعة صغيرة وفي المستقبل سيكبر دوره.. لعن الله الجيش الحر.. تخلوا عنه بكل سهولة.. هم أيضًا يستحقون الموت.

- لقد آثرك قائدك الحارّي على غيرك لأنك ذكي.. وماضيك مليء ببطولات وأيضًا شجاع.

وشى صوت أبوأحمد بنهاية الجلسة، أدرك عدنان أن عليه المغادرة ليترك الشّيخ يرتاح.. حضن الأخير ثم أردف:

- في أمان الله عدنان.

رد عدنان بصوت رطبته دموع الفرح:

- سأشتاق إليك.. السّلام عليكم.

غادر عدنان وظل أبوأحمد يراقبه حتى ابتلعه الظّلام، ضحك بمكر قبل أن يردف في اتصال هاتفي:

- حضّر لي 2.500 دولار.. سأرسل لك خروفين محشوين بالرّز واللّوز.

أي بما معناه: اكتمل الأمر والاثنان جاهزان للسفر.

7

اشترت إخلاص ماكينة خياطة جديدة من المال الذي جمعته من مصروفها الذي أغدق به عدنان عليها، وعملت بنشاط كبير في إثبات جدارتها في العمل الجديد، وكأنها تعوض ما فاتها من الوقت.. تتدارك أن تخسر المزيد من الوقت.. أصبحت من أبرز الخياطات في الحارة.. كان عدنان غاضبًا، ولكنه أمسك غضبه كما طلب منه أبو أحمد، لا حُبًّا بـ«عدنان» ولكنه يريد إن يُنهي مسألة إرساله إلى سوريا بأسرع وقت ممكن.. أقنعه بأنها لو تنشغل بأمور أخرى ستريحه من المشاكل والأسئلة.. فهذا اختيار إخلاص ولن تتراجع عنه.

حُبّ عدنان لـ«ميساء» طغى على كل شيء..

ميساء؟

كيف غاصت في كل هذه المصائب فجأة؟

بعد أن علم عدنان بقصتها ازداد تمسّكه بها وأقسم على الانتقام لها، سألها عن اسم الضّابط المقتول.. فلم يتعرف عدنان عليه من خلال الاسم ولا الوصف الذي وصفته ميساء له، فقد كان بنيّة عدنان الانتقام من أهل المقتول أو حتى أقاربه ولكنه لم يقدر لضيق الوقت..

ازداد حبه لـ«ميساء».. وكلّما كان يلتقي بها يقودها إلى الفراش ليتسامرا، أحست بأنها بدأت فعلاً تحبه ولكن هناك ما زال شيء من الخوف.. خوف لن ينتهي مهما عمل وضحى عدنان من أجلها.

لم يكن يعتقها حتى الصّباح.. صار يبيت في بيت أم علي.. حشيش وحبوب.. استطاع أن يجعل ميساء تدمن عليها.. لكي تنسى مشاكلها.. ولكن المخدرات لم تكن تفعل غير فعلها الأصلي: المزيد من الاكتئاب.

وافقت مقتنعة بالسّفر مع عدنان.. ولكن كانت تجهل الوقت، وتجهل أيضًا إلى أي بلد سيسوقها قدرها.. ولم تعلم أنها ستعود إلى أرض المقابر والسّفح والذّبح: (سوريا).

◻◻◻

كانت أم علي دائمًا تراقب وضع المعاشرة من خلال الكاميرا التي تسجل كل شيء.. ومن غرفة نومها الفاخرة والمريحة تلاحظ كل ما يحلو لها.

كانت تشتهي عدنان، شعر صدره وقامته، وساعداه القويان عندما يرفع ساق ميساء ثم يدفع فيها شهوته وكأنه مصارع ضخم..

تخيلت نفسها في حضنه.. تقذف مرات ومرات ولم تشبع منه بعد..

بل كانت تبحث عن فرصة لكي تختلي به، وتتذوق من الشّهد الذي يخرج من بين رجولته التي لا تُقاوَم.

هكذا استمرت حياة عدنان مع ميساء، زوجته الثّانية.. امّا إخلاص فكانت تداري همومها من خلال الالتزام بعملها.. علّهُ يرجع إلى صوابه يومًا، ولكن تتمنى أن يكون ذلك قبل فوات الأوان، فهي تحس بأن عدنان قد غطّ في وحل التّشدد وسيكلفه غاليًا.

انشغلت بالعمل والأطفال حتى صدمها عدنان يومًا بسفره المفاجئ إلى تركيا للعمل، فالشّركة بعثته لكي يُشرف على استيراد بضاعتها من هناك.

لثم جبينها واعتذر منها على ما بدر منه، فابتسمت ساخرةً من طرف شفتيها..

أي إن ما حصل قد حصل، لا الاعتذار ولا الحزن سيُصلحان ما حصل.. كانت ذكيّة وتتقبل الأمور بقوة و إرادة لا مثيل لهما، هكذا هي شخصيتها.

مسح على شعرها بحنان، وقلبه يرتوي من مسرّة الرّحيل، مع زوجة تصغره 20 عامًا.

أردفت إخلاص بنبرة لا أثر للسرور فيها:

- متى سترجع إذن؟

- ربما شهر أو اثنان أو.. لا أعرف بالضّبط.

هناك إحساس بداخلها بأن عدنان لن يعود أبدًا.. لأن العودة ليست بيده.. بل بيد القدر.. ولكنه لن يعود إلا بعد الانتصار والقضاء على الكفر أو الموت في سبيل الله.. هكذا تعلم من محاضرات «غسيل الأدمغة».

- سيزورُكِ رجل طيب ولكن حذارِ أن يدخل البيت، سوف يصلك من خلاله أخباري ومرّتب شهري، أعلم بأن عملك الجديد بات يتوسع نحو الأحسن، ولكن أن يكون لديك مال أكثر أحسن للاحتياط.

أحست بأن زوجها لن يعود عن قراره، إذن فالكف عن سؤال وقت الرّجوع وجنون الظّنون خير لها، إنها قويّة بما فيه الكفاية لكي تتقبل هذه الحقيقة.. ولكنها رغم ذلك ارتمت بشدة في حضنه باكية.

- هل تزوجت؟

كلمة مفاجئة، طلقة في منتصف القلب، خرجت من فمها أرعبت عدنان وهي ساندة رأسها في حضنه.. ارتبك وتمالك نفسه ثم قال بضحكة كلدغة عقرب، يسخر منها ومن سؤالها:

- أو تشكين في وفائي؟

وشى ظلام الغرفة النّسبيّ بمحاولة فاشلة من إخلاص لكتم حزنها، وقال بلهجة جدّيّة:

- أنتِ في قمة قلبي، أنا بدأت في التّجارة مع ناس بسطاء وأغنياء، ونجحت وكسبت الكثير.. لماذا لا أسافر إلى تركيا وأوسع من التّجارة قليلاً، أفيدهم ويفيدونني حبيبتي.

كلمة «حبيبتي» كانت باردة.. لم تؤثر على إخلاص، فقط انتبهت لها لثانية ووخزت في قلبها لحظة، ولكنها عادت إلى شرودها.

- الله يوفقك، عندي ماكينة الخياطة وزبائن.. والحمد لله لن أحتاج في غيابك إلا لله ولك.. ولكن اوعدني بشيء عدنان.

- ما هو حبيبتي؟

- أن لا تنسى أطفالك.

أغمض عينيه ليتدارك سقوط دموعه..

منخرا عدنان يتحركان من الخُنق.. إخلاص تشده بقوة أكثر، يفكر في هذه اللّحظة بالانتقام من كل شيء.. ومن الظّروف والأيام والسّلطة.. فلن يهدأ له بال حتى ينتقم.

الانتقام ثم الانتقام.

يبدو له أن وجه إخلاص في أحسن رواء الآن وهي حزينة، ولكنها أكثر حسنًا وجمالاً، وتذكر ميساء.. هي لم تكن غائبة عن باله لحظة.. ولكن لها نصيب أيضًا من العناق الطّويل والحب.

هاجت مشاعره الحميمية، وهوى برأسه حتى لثم شفتيها المكتنزتين..

ثم قال بلسان محشش:

- لِتَهُنْ الأمور جميعًا، فنحن الآن بأحسن حال.

كانت تبتسم في إشفاق وحنان حتى سحبها من رسغها وغاصا في حضن السّرير.

◻◻◻

8

حان وقت الرّحيل.. عدنان ودّع كل شيء.. يعصر على يد ميساء بقلق وهي أيضًا ليست أقل من عدنان قلقًا.. ينتظران السّيّارة التي ستقلهما إلى المطار.. هناك رجل سيسهل الأمور كلّها، ورغم ذلك فالخوف قائم في عيونهما.

سيسافران إلى تركيا.. وحسب الخطة فإنها تسير على ما يرام، لينتقلا إلى أرض الموت، وتبدأ حكاية جديدة ستتحكم بمصيرهما.. ولكن ميساء تجهل إلى أين سيأخذها عدنان.. على الأقل حتى يصلا حدود سوريا (أرض الموت) وهناك ستعلم لأن حينها لن تستطيع العودة وسترضخ للأمر الواقع.

وصلت السّيّارة، ودّعا أم علي والشّيْخان الحامدي وأبوأحمد..

السّائق يدعى أبومروان الذي انفرد بالشّيخ ابوأحمد وسلّمه مبلغ 2500 دولار.. كان السّائق من «تنظيم الدّولة»، مستميت القلب، جاء وفي عينيه ثقة عجيبة بأنه لن يفشل في مهمته.. متنكر بزيه المدني حليق الوجه، سيقوم بتوصيلهما ثم يعود أدراجه إلى مدينته..

هؤلاء لهم رجال من أمن المطار يُسهّلون أمور الرّحلة.. ولكن لا يعلمون بأنهم يتعاملون مع رجال «الدّولة».. يظنون أنها عمليات تهريب عادية لغرض السّفر إلى أوروبا لطلب اللّجوء كما هو معروف، إذن لا ضير من تقديم التّسهيلات وكسب آلاف الدّولارات بدلاً من مُرتب شهري لا يكفيهم أيّامًا.

كان عدنان صامتًا، وبجانبه ميساء.. وكما وصّاه أبوأحمد، فكل شيء يجب أن يتم بالصّمت والصّبر وعدم الارتباك.. فقد وضعت خطة محكمة ليصل عدنان وزوجته إلى تركيا ويخرجا سالمين من البلد.

كانت أسارير عدنان سعيدة رغم قلقه، فقد بدأت علامات السّعادة التي على وجهه تقلق ميساء، أرادت أن تسأله عن السّبب فأمسكت.. ولكنها لم تستطع أن تمسك قلقها الباطني.. هناك شيء ما يحدث وكلما تجاهلت أحاسيسها تعاود ويغزوها القلق من جديد.

جهلها بخطة السّفر سيكلفها كثيرًا، كانت تظن أنهما سيقضيان وقتًا قصيرًا في تركيا ومِنْ ثَمَّ سيتوجهان إلى أوروبا بالتّنسيق مع أحد المهربين.

رغم إحساسها معه بالأمان فإنها قررت في نفسها التّخلص منه، لأنها لن تستطيع القضاء على شبابها معه، بلحيته الشّعثة وردائه القصير وأن تبقى سجينة الخمار، يغطي شبابها ويضيع مفاتنها.. لم تهرب من سوريا لتعيش في قفص رجل دين متشدد.. عليها أن تجد حلاً حال وصولها إلى أوروبا، والسّياسة مطلوبة معه حتى تتخلص منه وبأيّ وسيلة متاحة..

شعر عدنان ببرد الطّمأنينة والسّلام، ووثبت بصدره مشاعر قويّة وحماسة وانطلاق، فقد تم إخباره بأن هناك أنباء عن منصبه الجديد كبداية عندما يصل المعسكر.. فلو أثبت جدارته القياديّة في الحرب فإن فرصة توليه منصب أمير جماعة ممكنة جدًا.

وصلا المطار وكانت الأمور على ما يرام.. الضّابط كان متعاونًا وختم لهما الأوراق، بعد أن دقق شكليًّا فقط في الجوازين بسرعة، وتم تمريرهما إلى الطّائرة بلا مشاكل تُذكر.

ها هو داخل الطّيارة، انتهى الخطر.. وسترحّب تركيا بهما بعد ساعات.

سيُسدِل على الماضي ستارًا لا ينضح بضوء.. وليبتلع النّسيان المتاعب والآلام الماضية كافة، لم يعطف عليه النّوم إلا قبيل الفجر بعد أن وصلا إسطنبول في شقة مفروشة واسعة وحديثة.. كان غارقًا في نشوة الغبطة، وفي الضّحى تلقّى اتصالاً هاتفيًّا من «أبوسامي».

□□□

أبوسامي:

هو الذّراع اليمنى لـ«أبو يزن الحارّي»، وقائد عمليات عسكريّة كبير، تولى مناصب عليا في «الدّولة»، وكان من المساهمين البارزين في تنفيذ فكرة صك العملة الخاصة بـ«الدّولة الإسلاميّة»، وأيضًا دكتور وخبير اقتصادي لا يُستهان به، كان يعمل في المصرف الإسلامي البريطاني قبل أن يتهم باختلاس 10 ملايين باوند إسترليني وهروبه إلى جهة مجهولة.

متوسط القامة، بدين بعض الشِّيء، متين البنيان، وبقسماته سماجة وغلظة، وبرقبته وذقنه ندوب.

التقيا في مقهى شعبي في منطقة «تقسيم» بإسطنبول.. بعد أن رحّب بـ«عدنان» بحرارة أخويّة قائلاً:

- أهلاً بالشّيخ عدنان.. كيف حالك يا أخي بالله؟

اغتبط عدنان من وصف أبوسامي له بالشّيخ، وعلاه عزة نفس لاحظها أبوسامي فيه، ولا سيَّما أنه قرأ في ملف عدنان أن الأخير مغرور ومختال، وهذه الصّفة تساعدهم في تيسير الكثير من الأمور لهم، تصرّف بشكل طبيعي وحافظ على ابتسامته رغم أنَّه لم يكن يطيقه منذ البداية.. فأجابه عدنان:

- الحمد لله.. كيف حالك شيخنا أبوسامي؟

- الحمد لله.. هيا لنجلس في القهوة.

ثم قاده إلى قهوة تركيّة كلاسيكيّة المعالم، وأخذا مجلسيهما بالقرب من النّافذة المطلّة على البحر، وأخذا يتأملان صوت النّوارس.. طلب أبوسامي من النّادل فنجانَي قهوة تركيّة.. ثم أردف مبتسمًا:

- شيخ عدنان.. أنت وصلت إلى درجة المشيخة، أي بإمكانك أن تكون أميرًا على مجموعة صغيرة، بالإضافة إلى خبرتك ورتبتك العسكريّة السّابقة فأنت ستنال درجة جيّدة لدينا.. ولقد تأكدنا من خلال مصادرنا أنك كنت ضابطًا كفؤًا.. أنت تعاملت سابقًا مع الجيش الحر (هنا اضطربت ملامح عدنان وتذكر أن الجيش الحر عدو «الدّولة» الأول)، ولكن لا تقلق عفَوْنا عنك (ارتاحت أسارير عدنان شيئًا فشيئًا)، ونحن بصدد أن نولّيك عمليات مهمة وسيكون بإمرتك جنود الله الغيارى لردع أعداء الإسلام.

- أنا حاضر يا مولاي وهذا كان من أهم أسباب حضوري إلى هنا.

- ومعك زوجتك.. ونحن لن ندعكما في حيرة أبدًا.. سنكون خير عون لخير مقاتل ومجاهدة.

- عفوًا؟

- أ... أقصد أنها ستكون بجانب زوجها وهذا جهاد أيضًا كما هو الحال مع إخوتك المجاهدين، فزوجاتهم يقاتلن بالصّبر والوقوف مع أزواجهن معنويًّا، وهذا أيضًا نوع من درجات الجهاد العظيمة.

- يعني ستكون لزوجتي رفيقات.

- وكلهن من المؤمنات الثّيّبات.. وعندنا من السّبايا من يحق للمجاهد اختيار أيّ منهن ويتزوجها وحتى أنت.

- أنا؟

- ولِمَ لا؟ نعم، فأنتم المقاتلون تحتاجون إلى عناية ورعاية من قبل زوجات لا زوجة واحدة.. فمهمتكم صعبة.. ولا تنسَ أن النّسل مهم جدًا، وما يلدن ذكورًا أو إناثًا سيكونون جنودًا لله.

- ذكّرتني بحوريات الجنّة.

- وستنال في الجنة الحوريّات.. هذه هي عظمة نعم الخالق، الكافرون لن ينعموا بها.

اتسعت عينا عدنان قائلاً:

- أحقًا ما تقول؟

- نعم، المجاهدون لهم حقوق علينا، إضافة إلى أنه ستصلك أموال وهدايا من القيادة ولكن بصفتك ستكون أميرًا فأجرك سيختلف عن الجنود بكثييير.

ثم أكمل:

- وعلى فكرة.. الأمير وقائدنا أبو يزن الحارّي يتوق إلى رؤيتك.. ولذلك عليّ أن أبعث إيميلاً سريعًا له بصورتك وصورة زوجتك، وأدرجكما في سجل الإعالات ولكي نوفر لكما سكنًا يليق بأمير جماعة.

- حاضر.. عندي صور جديدة وسأبعثها لك على الإيميل.. سمعًا وطاعة، هل تأمرني بأشياء أخرى؟

- لا، وتستطيعان التّمتُّع بكل ما تحبّان طوال فترة تواجدكما في تركيا.. وبعد ثلاث ساعات من نهاية لقائنا هذا سيأتيك شخص يُدعى أبومحسن.. لكي يزودك بالكيف (غمز بطرف عينه) ويُعمّر مزاجك، وتستطيب حياتك الزّوجيّة.

ابتسم عدنان بحماس وخجل.. غير متوقع، كتوهج مصباح إثْرَ هبّة النّسيم:
- ما أطيب الحياة تحت ولايتكم.
- ما هذه إلا البداية، وستتعرف على المجاهدين والمجاهدات وتسعد نفسك يا شيخ عدنان.

◻◻◻

9

لمَ تمضِ أيّامٌ حتى كان أبوسامي في حضرة الأمير أبو يزن الحارّي، كان الأخير في غرفة نومه، بيت كبير وفخم، فيه ما لذّ وطاب من متطلبات التّرف، كما كنا نسمع عنها في عهد هارون الرّشيد.

وصل ذروته مع إحدى الجاريات.. زاح جسده الثّقيل من عليها.. ثم اعتدلت تسوي ما تشعثّ من شعرها وتعيد الخمار إلى رأسها وهمّت لكي تلبس ثوبها، تركها «أبو يزن» ليخرج إلى الصّالة بعد أن أخذ حمّامًا ولبس زيه الأميري.. يهز برأسه الذي خط الشّيب فَوْدَيه مرحًا.. ثم قال مستقبلاً أبوسامي بعتاب:

- هكذا يا رجل تتأخر عليّ بالأخبار؟

فأخذ أبوسامي بين أحضانه ورحّب به ثم جلسا على فراش فاخر على الأرض، وسادات فاخرة ومزركشة بأزهى وأرقى الألوان.. مدّ أبوسامي يده الممسكة بصورتين كبداية كلام:

- هذه ميساء، كما أخبرك الشّيخ أبوأحمد، لم أرَ بمثل جمالها قط.

مدّ «أبو يزن» يده ليأخذ صورتها وترك صورة عدنان في يد أبوسامي كما هي قائلاً باستنكار:

- لا حاجة لي بالخنزير؛ احرقها، لولا هو لكانت هذه لي.

أطلق أبوسامي ضحكة مجلجلة قصيرة.. ثم تطلع أبو يزن الحارّي إلى صورة الحوريّة الصّغيرة - كما وصفها - بشغف.

داعب بأصابعه الغليظة قسمات وملامح ميساء بالصّورة، وجهها وشعرها، حتى استدركه أبوسامي قائلاً:

- حسبك يا مولاي.. ستتمزق الصّورة بين مخالبك.. أبوأحمد لا يملك صورة أخرى لها ليبعثها لك.

- اجلبهما بسرعة.. وَدَعْ عدنان يباشر بمهمته، أمّا هي فسأتولى أمرها بسرعة.

- أقول لك الصّراحة.. هذه أول حالة عجيبة تمر عليّ، قائد عسكري ومعه حوريّة من الطّراز الذي لم نرَه من قبل، عليك يا مولاي أن تضرب عصفورين بحجر واحد.. هي لك.. وخبرته العسكريّة لـ«الدولة»، ومِنْ ثَمَّ ذبحه بحجة الخيانة العظمى.. ولا يوجد أسهل من هذا (أشار بيده إلى رقبته بما معناه أن ينحره).

- لديه خبرة عسكريّة كبيرة.. يستطيع صنع أنواع مختلفة من الصّواريخ الجديدة، ووضع خطط بارعة في الحرب، إنه كنز لو أخذنا منه خبرته ومِنْ ثَمَّ نتخلص منه.. بعد أن يستنزف كل ما لديه من معلومات، نعصره تمامًا ونجرّده من كل شيء.. وبعدها لن نتأخر في قتله.

- كل شيء تحت السّيطرة، لا تشغل بالك، الأسبوع القادم سيكون هنا، رجالنا من موظفي المطار تحت إمرتنا.. سيكون الملازم موجودًا في موعد خروج عدنان، وسيدخل سوريا عبر إسكندرونة، المعبر الحدودي فيه النّقيب أردوغان وقد تم التّنسيق معه على كل شيء.. وهناك سيتولى رجالنا الباقي.

□□□

10

كان أبومحسن مواظبًا على تزويد عدنان بالمخدرات في كلّ زياراته له.. ويقضي له كل حاجاته الشّخصيّة المتعلقة بأمور الكيف.. كان عدنان دائمًا يقول كليشته المعتادة:

- عندي قليل منها، لن يغني عن السّعي، أريد أن تزودني بكميات أكثر أرجوك.

لينفحه أبومحسن بالحشيش معبأ في أكياس صغيرة، أبوسامي في أحد الأيّام اشتاط غضبًا من تصرفات عدنان وطلباته الكثيرة، فاتصل بأبوسامي يشتكي من إدمان عدنان المُفرط للحشيش والبودرة، ويخشى أن يصل عدنان مرحلة تعاطي «أوفر دوز»:

- لا يمر يوم حتى تنفد الإعالة التي عنده ويتصل في أنصاف اللّيالي ويطلب أخرى.

ليقول له أبوسامي:

- هذا ما نريد.. زد ولا تتذمر؛ كل شيء قد دُبّر له مُسبقًا.

وبعد أسبوعين، تم تحديد يوم السّفر إلى إسكندرونة، وكان هذا اليوم أهم يوم في حياة عدنان.. حيث تم الاتفاق مع ضابط تركي يدعى الملازم مراد في مطار أتاتورك يقوم بتسهيل عمليّة مرور عدنان وميساء إلى الإسكندرونة..

بعد أن تم نقلهما في سيارة خاصة إلى المطار.. كان كل شيء يجري بشكل عادي.. وصلا إلى المطار وبعد التّدقيق في جوازهما دخلا الطّيّارة وجلسا في مقعديهما المخصصين لهما، كان الاثنان محافظَين على هدوئهما حتى نهاية الرّحلة.

كان أبوسامي يتابع بدقة كل شيء عن طريق الهاتف.. ويصدر التّعليمات ويتابع خطط المراقبة ويغيرها لو تطلب الأمر.

في مطار إسكندرونة كانت هناك سيارة سوداء مظللة بانتظار الاثنين.

خرجا من المطار مع أحد الأشخاص وقادهما إلى السّيارة التي تنتظرهما، استقلا السّيارة لتنطلق بهما إلى إحدى القرى النّائية.. وباتا هناك ليلة، وفي صّباح اليوم التّالي جاءت سيارة أخرى من نوع «بيك أب» رباعيّة الدّفع لتنقل عدنان إلى الأراضي السّوريّة التي تقع ضمن حدود «تنظيم الدّولة».

في الطّريق ارتاعت ميساء.. واشتعلت رعبًا، فالطّريق هو إلى سوريا؛ إلى أين يقودنا هذا المعتوه؛ وما إن فهمت العمليّة واستوعبت الكمين، ولكن بعد فوات الأوان، همّت بالصّراخ وفتح الباب لترمي نفسها ولكن الباب كان مقفولاً.. صرخت، حتى تلقت صفعات قويّة من يد عدنان أفقدتها قواها، خارت نهائيًا، كانت الشّفتان تنزفان، وبدأت بالبكاء.

أخرج عدنان على الفور مسدسًا كاتمًا للصوت ثم وجهه بدون تفكير نحو رأسها غير مبالٍ بالجروح التي تركتها الصّفعات على وجهها:

- أرض الجهاد يا جارية.. إن لم تسكتي فسأفرغ رأسك من المخ على الأرض فورًا، وبذلك أكون قد قتلت مرتدّة.

□□□

11

سير الأمور بهذه الطّريقة المفزعة لم يتسبب فقط في شن الرّعب على قلب ميساء، بل أغمى عليها من هول ما يحدث لها.. ككابوس لن ينتهي.

خروجها من سوريا، اغتصابها من قبل الجنرال، ومِنْ ثَمَّ احتضنتها أم علي تحت مسميات: «نحن كلنا إسلام، وأنت أختي.. لا تخافي فأنت مني»، وتزويجها المفاجئ.. ثم تركيا ومِنْ ثَمَّ إلى حضن «داعش».

عدنان كان وبلا شك سعيدًا بهذه الخطوة ولم يهمه مرضها قدر ما هو راضٍ عن إنجازه (حلم حياته) بأن يصبح إنسانًا قياديًّا، واستعد بفارغ الصبر للقاء الأمير أبو يزن الحارّي.

وعندما وصلا إلى مكانهما كان كل شيء جاهزًا لهما، الدّار والأثاث والأكل والملبس.

سكنا في بيت كبير وفخم ذي طابقين.. الغرف مفروشة بذوق رفيع ويغطي الأرض أفخم أنواع السّجاد. فناء البيت الواسع تتوسطه نافورة جميلة في حوض ماء سداسيّة الشّكل.

أشجار اللّيمون والبرتقال تمتد على حافة سور البيت..

بعد أسبوعين استعادت ميساء وعيها.. فانفرجت شفتاها الشّاحبتان قائلة لـ«عدنان» وهي على الفراش بحالة سيئة جدًا:

- أين أنا؟

لم يجبها عدنان غير أنه سحب كرسيًّا نحو ميساء وجلس يتأملها بنظرة حانية، فقد قسا عليها كثيرًا في الطّريق، وقد احتار فيما عمله، ولكنه كان مجبورًا على فعل ذلك.

بدت كالزّهرة الذّابلة، مستلقية على فراشها، في غرفة واسعة.. تخلو من السّرير.. ولكن مفروشة بفراش أميري فخم وجميل.

لم تكن بحال جيدة، غيم أسود يغشى العين، جفاف يسري في الوجه، قدرة عجيبة على إخفاء الألم.

كان الظّلام يهبط وئيدًا، ونجمة واحدة تومض في الأفق، واهتزازات جانب فم ميساء غير الإراديّة.. وزرقة تصبغ شفتيها، كان لدى عدنان شعور بالغ بالانقباض، بسبب مرض ميساء، حيث لم يكن في نيته قتلها بل كان فقط ليخيفها حتى يبلغا الأراضي السّوريّة بسلام.

وأيضًا مما زاد من قلق عدنان تأخر الأمير عن مقابلته، تُرى ما الذي أخّره؟ حيث كان من المفروض لقاؤه ثاني أيام الوصول.

صحت ميساء بعينين زائغتين ووهن.. أخذ يدها برفق ووضعها بحنان بين باطن كفّه ومسح على يدها:

- أأنت بخير الآن؟.. آسف لم أقصد إيذاءك.

رغم ضعفها وقلّة حيلتها، ندت عنها نظرة غاضبة، وأشاحت بوجهها إلى جهة أخرى تتأمل في الحائط.. وسرعان ما أردف عدنان:

- كان هذا هو الحل الوحيد لأجلبك إلى هنا، هذه المناطق محررة ولن تصلنا قوات الأسد.. لقد تنازل عني أصدقائي كلهم، إلا هؤلاء، ساعدوني ومدّوني

بالمال، إنها فرصتي لكي يدخل اسمي عالمهم وأصنع لنفسي تاريخًا عظيمًا.. أنا خبير في صنع الأسلحة وطيّار، وجدارتي القياديّة سأثبّتها هنا.

ثم خفّض من نبرة صوته ليحدثها بلين أكثر خشية أن يخيفها مجددًا، وقال بضعف وحنان، وقد سحبت ميساء يدها من بين يديه:

- أرجوكِ افهميني... أنا...

- لا وفقّك الله (وبكت بصوت قد بُحَّ).

حاول عدنان أن يمسح دموعها فمنعته، أشاحت بوجهها مرة أخرى إلى جهة أخرى باستنكار.. ثم قالت:

- اخرج.

كوّر عدنان قبضته وزمّ شفتيه قائلاً بحدّة وقد نفد صبره:

- النّساء عقولهن في كعب أرجلهن، لن تحسّي بالنّعمة الآن، إلا بعد زوالها.. أنقذتك من الإعدام وجازفت بحياتنا لكي نصل إلى هنا بسلام، ولكن الظّاهر أنّكِ لا تقدرين هذه التّضحيات، أنتن النّساء تصلحن للسبي.. وانتهى.

فجأة وفي هذه الأثناء المشحونة بالخوف والغضب معًا، طرق طارق الباب فقطع الصّمت المُرّ، الذي ساد في الغرفة، وثب عدنان وأخذ فانوسًا صغيرًا من الغرفة وزاد من الشّعلة لكي يرى طريقه وهو ينزل من السّلم، وقبل أن يفتح الباب سأل:

- مَن الطّارق؟

- أنا أخوك أبومازن.

فتح عدنان الباب ووجد رجلاً في العقد الرّابع من عمره يقول مبتسمًا:

- السّلام عليكم.. لا تخَف؛ هنا في حدود دولتنا كل شيء أمان، لا لصوص ولا ذئاب الدّولة الكافرة تجرؤ على اختراق الأمن.

- تفضل أخي أبومازن إلى الدّاخل.

- جزاك الله خيرًا، لا داعي للدخول، فقط عندي رسالة مهمّة لك.. وبشرى خير إن شاء الله.. الأمير سينتظرك غدًا في ديوانه عصرًا، فلا تتأخر عليه.

اغتبط عدنان كثيرًا، ودعا للأمير بالعمر الطّويل، قبل أن يستأذن أبومازن ويغادر بكل أدب.. أغلق عدنان الباب وطار من فوره إلى زوجه، وبلّغها الخبر، لكنها ما ردّت عليه بل تجهم وجهها أكثر.

ثم دعت في نفسها بلعنة سماويّة عسى أن تصيبهم على الفور.. غضب عدنان عندما رأى الغضب والاستنكار في عينيها، وتجهم وجهه هو الآخر.. ثم قال:

- اعقلي يا ميساء، فأنتِ على وشك الوصول إلى هاوية الإلحاد والارتداد.

◻◻◻

12

ديوان الأمير:

في مكان بعيد عن البيوت.. عن النّاس.. بعيد عن كل شيء..
المنطقة التي أنشأ بها ديوانه.. امتداد للأرض، يربض في الأفق، كأنّما ليتحدى به الخوف والوحشة والأعداء. كان سوره الكبير العالي يتحلق مساحة واسعة، نصفها الغربي حديقة، والشّرقي مسكن مكوّن من أدوار أربعة.

وقد دعا عدد من الوافدين الجدد من كبار الضّباط الّذين انضمّوا إلى الدّولة حديثًا، ومن ضمنهم عدنان، كانوا يرتدون أزياء كوماندوز عسكريّة فاخرة، أضافت لهم الهيبة بأجسادهم الضّخمة، ولكن رغم قوة الشّخصيّة التي يتميزون بها.. فقد وقفوا بين يدي الحارّي وهم من إجلاله لا يكادون ينظرون نحوه إلا خلسة.

أمرهم بالجلوس، اتخذ كل واحد مجلسه في الدّيوان الفخم المُزيَّن بأرقى النّقوش العربيّة التي أضافت للديوان هيبة خاصّة تليق بمجلس الأمير.

راح يتفحصهم هنيهة بعينيه النّافذتين كعينَي الصّقر، وهو يبدو بطوله وعرضه خلقًا فوق الآدميين كأنما من كوكب هبط، ثم قال بصوت خشن عميق تردد بقوة في أنحاء الدّيوان:

- أهلاً بإخوتنا، بارك الله فيكم أيها المجاهدون الأحرار، والله لقد فرح إخوتكم بانضمامكم إلى صف الحق وجيش الله.

اغتبط الجميع، وارتاحت نفوسهم، ووشت الابتسامة في وجوههم عن ذلك، ثم أكمل:

- لقد جمعتكم لكي أراكم وأرحّب بكم ومِنْ ثَمَّ سألتقي بكم فرادى، لكي أسمع من كل واحد منكم سيرته الذّاتيّة بنفسي، أعلم أنكم من الأكفاء وكل المعلومات الاستخباراتيّة التي جمعناها عنكم إيجابيّة، ولديكم خبرة عالية في صنع الأسلحة التي نضرب بها أعداء الله، وسنوظف خبراتكم في سبيل نُصرة الدّولة الإسلاميّة بإذن الله، التّكنولوجيا سيد الموقف، لم ينتصر أعداؤنا على العرب إلا بالعلم، بعدما أضعفونا وسلبوا منّا الثّقافة، وللأسف لا تجد في العرب من يهتم بالعلم إلا القليل بسبب أوضاعهم المعاشيّة التي باتت همَّهم الأول.. (ثم علت نبرته واخشوشنت):

- وأهم شيء للقضاء على أعداء الله هو بالإيمان والعلم قبل كل شيء.

أبدى الأمير مع الوافدين الجدد لباقة وسياسة، وحاز على الود والإعجاب من قِبَلِهم، ثم دعاهم إلى الوليمة التي أعدّها، وكانت وليمة كبيرة ومائدة وضع فيها أفخر أنواع الأكلات والمشاوي.

فشاعت في الوجوه الملتحية البشاشة، ثم قرأ أحدهم شعرًا من نظمه للأمير، نظمه بلباقة عالية أُعجب بها الحارّي كثيرًا.. ثم ختم كلامه بالعمر المديد للأمير والشّكر الجزيل على كرم الضّيافة، ارتاحت أسارير الأمير فهو من محبّي المدح، إذ إنه على جبروته كان يستخفّه طرب الثّناء.

وفي النّهاية، تعاهدوا على الولاء وتعانقوا فيما بينهم ثم تفرقوا مغادرين المجلس، وكان آخر من استأذن من الحارّي بالانصراف هو عدنان، فقبض الحارّي بكفّه منكب عدنان قائلاً له بابتسامة عريضة:

- ابقَ، فإنّ لي كلامًا معكَ أيها البطل.

13

كان لـ«عدنان» دور مميز وحضور واسع بين مجموعته.. ورغم أنَّه حديث العهد في التّنظيم فإنّه أثبت تقدّمًا في مجال عمله وأثبت جدارته كقائد عسكري يُعتمد عليه، صنع القنابل وأسلحة أخرى، التي نجحت نجاحًا كبيرًا في ساحات المعركة.. وسطع اسمه كعسكري وقيادي بلا منافس وفي فترة قصيرة من التحاقه بصفوف التّنظيم.

الحارّي وبالرّغم من امتعاضه الشّديد من تقدّم نشاط عدنان الملحوظ في مجال صنع الأسلحة وقيادة مجموعته نحو الانتصارات ضد الفرق العسكريّة المعادية لهم، فإنّه كان في الوقت نفسه شديد الإعجاب به.

لم يبخل التّنظيم في دعم عدنان ماديًّا وبسخاء، حتى وصل الأمر إلى أن قرر الحارّي دعوة عدنان إلى جلساته الخاصّة.. لا يحضر جلساته أي شخص، سوى عدد لا يفوق أصابع اليد، في ديوان آخر فخم أقامه خصّيصًا لراحته الشّخصيّة، تخدم فيه جاريات يَقُمن على خدمته في الطّبخ والحفاظ على نظافة الدّيوان الكبير وترتيب كل شيء.

دعا عدنان على العشاء؛ للاحتفاء بالنّصر الأخير الذي حققه عدنان في دحر كتيبة من «شبّيحة» الأسد قبل أيّام من الحفلة.

وتلاقت الأيدي فوق الأطباق، وبدوا وكأنهم تناسوا الموت المحيط بهم.. خمسة من القادة الذين يعتمد عليهم الحارّي بالإضافة إلى عدنان.

سبعة أشخاص فقط ووليمة المائدة الكبيرة التي تكفي قرية بأكملها..

وبدت أجواؤهم أرَقَّ ظُلمةً على الرّغم من أنه لا يبدو في السّماء نجم واحد.

وبينما الجميع منشغلون بالكلام في هذا المساء الهادئ، انفرد أبو يزن الحارّي بـ«عدنان» وابتعد به عن ضوضاء الحضور.

استقرا في المشي في مكان تحيطه الأشجار، ثم قال الحارّي:

- عدنان.. لقد أبديت نجاحًا كبيرًا في قيادتك وفي مجال العلم أقولها وبصدق بأنّك ذكي، القيادة العليا راضية عنك، وأنت جدير بارتقاء أعلى المناصب ولن نبخل عليك بذلك.

- هذا فخر وشرف كبير يا مولاي الأمير.

- نحن نقدّم للمجاهدين الدّعم.. المال والزّواج اليسير، وحسبهم ما تعرضوا له من قسوة في بلدانهم ومن عُسر الحياة من اضطهاد وقتل، أمّا هنا في دولتنا فتستطيع أن تختار طريقة عيشك التي لا تمس قوانين الدّولة، وأمّا في الزّواج فلك أن تختار ما شئت من النّساء، الزّواج المسيار مسموح وبدون أن تتقيّد بزواج واحد.

- هذه الأمور جيدة لتيسير أمور المجاهدين، أمّا أنا فمتزوج والحمد لله.

وضع الحارّي يده على منكب عدنان برفق قائلاً:

- ولو، أنت مسموح لك بالزّواج المتعدد، وأكل التّفاح كل يوم ممل.. وتعدد الأصناف مطلوب أيضًا.

- ولكن...

فقاطعه أبو يزن بصبر محافظًا على هدوئه الظّاهري:

- عدنان.. هناك من النّساء ما لم تره عيناك.. ما إن تشاهدهن حتى تهجر زوجك من دون تفكير.. لا تأخذ الأمور بصلابة، فالمرونة مهمة في مسائل التّرف.

تفاجأ عدنان من هذا الموقف، ولم يستطع أن يخفي قلقه حتى أردف:

- مولاي.. لا أفرّط في زوجتي أبدًا.

- ولكنّك هجرت الأولى رغم حبّها لك، وكانت أم أبنائك.. المهم يا شيخ عدنان أودّ أن أصل بمغزى حديثي معك إلى أنك حر هنا في اختيار الأزواج، ولن يمنعك أحد ما دام هذا شرعيًّا.

هنا كانت صدمة عدنان:

- ماذا تعني أيها الأمير؟

تحاول إغرائي بالنّساء وكأنني جئت إلى هنا من أجل تعدد الزّوجات.. أو ليست هذه أرضًا للجهاد؟ أم أنني دخلت الأرض الخطأ؟

....

لا يوجد أفيون مُباح، ولا مال ولا زواج ميسور في الأراضي التي تطغى عليها القوانين الشّرقيّة.. ولكن هنا كل شيء متوافر بمباركة الفتاوي واللّحى الشّعثة التي تطغى على الوجوه.. أي شريعة هذه؟ وأيّ حياة دخلها عدنان؟

□□□

14

بعد انقضاء أشهر طويلة، استقر وضع ميساء الصّحي نسبيًّا، ولكنّها كانت محطمّة نفسيًّا.. ورغم ذلك بدا الصّفاء يعود لوجهها، بعدما ألفت العيش الجديد رغمًا عنها، وجدت في محيطها نساء غيرها يَعِشْنَ حياة عاديّة و يزاولن أعمالهن اليوميّة.. ولكن هناك خبايا في داخلهن ولا تعرف ما هي.. لأن كل شيء عادي ظاهريًّا.. لا يجرؤون على البوح بكل ما في أنفسهن.. بعضهن من أهل البلد والبعض الآخر منهن سبايا جيء بهِنَّ رغمًا عنهنّ لكي يكنّ زوجات أو جواري للجهاديين.

سمعت فجأة، وهي تنظف البيت، أطيطَ نِعال.. وكانت قريبة من باب الدّار.. كان الأطيط يتصاعد حتى توقف أمام دارها.. ثم دَقَّ الباب بهدوء.. سألت مَن الطّارق؟ فأجابها الصّوت النّاعم: «أم فداء».

فتحت الباب لصديقتها.. حضنتها وقبّلتها بشوق الأخت لها.. ثم دخلتا إلى الحوش الكبير.. وثم طقطقة الأريكة وشت بجلوس أم فداء عليها، ترقب ميساء وهي تكمل بعض اللّمسات الأخيرة من التّنظيف.. بعينيها وفمها يلوك بالكلام وتسأل تارةً وتجيب على أسئلتها بنفسها تارة.. ثم صنعت ميساء قهوة عربيّة وأحضرت الصّينيّة بابتسامة تعلو شفتيها، بعد يوم طو يل وشاق قضته في تنظيف الدّار الواسعة.. أخذت مجلسها بالقرب من أم فداء.. التي نزعت النّقاب فبدا وجه بدري قمحي بديع القسمات، يقطر خفة، بعدما نزعت الملاءة المحبكة حول جسدها البَضّ.

- اليوم، انتصر رجال الدّولة على جيش النّصرة في إدلب.. وتم سحقهم جميعًا (قالت أم فداء والسّرور على وجنتيها).

ضربت ميساء يدها على صدرها ومسكت الصّمت ذاهلة تستحث أم فداء على الكلام:

- ولماذا هذا الذهول يا ميساء؟ الانتصار شيء مفرح على أعدائنا، لا تنسَي نحن نعيش في كنف الدّولة وإذا خسروا -لا سمح الله- سنُقْتَل جميعًا.

لزمت ميساء الصّمت، فيها من الخوف ما يكفي لأنها تعلم أن أم فداء زوجة لأحد القياديين في «التّنظيم».. وكانت في وقتها من السّبايا التي تم إحضارهن من منطقة سنجار بالعراق من اليزيديين فأسلمت واعتادت العيش في سوريا، على غير غرار بنات مذهبها اللّواتي رفضن العيش في الدّولة، فكان مصيرهنّ التّهجير أو الاغتصاب أو القتل.

ولم تستبعد أيضًا أنها لربما تنقل ردّة فعلها لزوجها الذي هو بدوره صديق مُقرَّب من عدنان.. وعليها كتمان مشاعرها وإن كان صعبًا وقاتلاً عدم البوح بمشاعر تهيج وتشتعل في الصّدر.

كما أن ميساء قد تأقلمت بعض الشّيء على الحياة بعد مرور أشهر صعبة عليها.. ولكنها ما زالت لا تتقبل فكرة أن تعيش تحت حكم ولاية «الدّولة الإسلاميّة»، التي ظهرت فجأة وبسطت نفوذها على أراضٍ واسعة في يوم وليلة.

ميساء ذكيّة جدًا.. تعلمت من قسوة الحياة الكثير.. يكفي أنها كسبت الشجاعة والاستعداد لمواجهة أمور الحياة الصّعبة.. وتعلمت الحِكَم من دروس حياتها الحزينة، مما جعلها قويّة ومتماسكة على الرّغم من الوهن الذي أصابها، وكاد أن يودي بحياتها.

وتعلم أيضًا أنها لو ابتعدت عن عدنان فإنها ستكون في خطر ولذلك فمن الحكمة أن تجاريه وتريحه خيرًا لها وأسلم من التّفكير في الهروب منه، فلا خيار آمنًا غير ذلك. أين ستذهب والأراضي كلها تحت احتلال «التّنظيم»؟ فقط الموت يرابض خارج الحدود وسيستقبلها بكل رحابة صدر.

زوجها أصبح قياديًّا وناجحًا، أثبت وجوده في خلال شهور قليلة، رجال «الدّولة» أُعجبوا بشجاعته، وبذكائه كسب ثقة القادة، إذن البقاء معه أمان لها وأضمن.

- ميساء.. هل أنت بخير؟

أفاقت ميساء من شرودها ورسمت ابتسامة كاذبة على شفتيها وقالت بهدوء:

- أنا بخير.

تفرقت الأحاديث والمواضيع حتى أدرك الوقت أم فداء وهمّت بالذّهاب، أعادت الخِمار إلى وجهها وتلفّعت بالملاءة وذهبت.

والحيرة أخذت في رأس ميساء تأخذ حيّزًا كبيرًا:

كيف اعتادت هذه المرأة على هذه الحياة بل وأسلمت، ولا تشي تصرفاتها بأنها غير راضية، بل بالعكس تتصرف وكأن الأمور طبيعيّة.

هل يعقل أن أم فداء قد استسلمت للواقع وتعلم بأنها لن تستطيع الهروب؟ ولهذا السّبب فضلت البقاء هنا على الموت؟

كل شيء جائز.. ولا يمكن إن رفضت القدر المكتوب إلا الموت وينتهي كل شيء بعد ذلك.

❑❑❑

15

بدأ عدنان يبدي شجاعة أكثر في القتال، خصوصًا بالسّلاح الأبيض وهجومه المستميت على الكتائب التي باتت ضحايا كمائنه.. وبعد أن يفتكوا بالعدو يهجمون عليهم ويقتلون الأفراد بكل وحشيّة ودون رحمة.

مدّه أبو يزن الحارّي بأشد الرّجال قوّةً وبأسًا ووحشيّةً.. أصبح قائد مجموعة له ثقله ووزنه.. «أبو يزن» كان يريد أن يستغل خبرة عدنان العلميّة ومِنْ ثَمَّ ينفذ خطته الجهنميّة التي طالما انتظر تنفيذها وبلا تردد.

ولكنّ هناك أمورًا أقلقته.. القيادة العليا أُعجِبت جدًا بـ«عدنان»، وكانت تستدعيه للّقاء معه في أكثر من مناسبة.. سطع نجمه، واتصالات عدنان مع القيادات العليا أصبحت مباشرة، وأي خطة يخططها يعرضها مباشرة عليهم دون اللّجوء إلى قائده (الحارّي).

عليه إذن أن يهدم هذا الصّرح الّذي بناه لغايته الشّخصيّة، قبل أن تفوته الفرصة، لم ينسَ ميساء أيضًا.. تلك الفتاة التي أسرت قلبه.. إنه لن يتخلى عنها.. لدرجة أنه كلّف إحدى جارياته بأن تكون صديقةً لـ«ميساء» وتأتي بأخبارها له كل يوم.

كان يفرح جدًا عندما تصف الجارية له وضع ميساء الأنثوي.. وكيف رأت ساقيها البيضاوين عندما كانتا تتطرقان في مواضيع نسائيّة ومِنْ ثَمَّ بحجة النّصائح يتطلب الأمر أن تلمس ساقيها.

كان يحترق من الشّوق ويحتقن وجهه وهو يسمع بصوت مُغْرٍ وصفًا مغريًا لـ«ميساء».. لم يكن ذا صبر، ما إن تنتهي الجارية من الحديث حتى يدفع بها إلى السّرير ويضاجعها بقوة.

قرر «الحارّي» أن يرسل عدنان في مهمة هجوميّة لكي يتم تجربة الأسلحة التي صنعها عدنان.. وكان من المعتاد أن كل سلاح جديد يثبت نجاحه ويجرّب على أرض الميدان بعدها يصنع كميات منه وتوزع على الكتائب. وهذه المرة اختلفت الأمور وطلب «الحارّي» استخدام السّلاح الجديد فورًا وبدون تجربة، حيث ثار قلق عدنان من هذا الطّلب العجيب ولم يستطع الرّفض فلبّى هذا الأمر ومن دون نقاش.

وكانت معركة طاحنة بين «حزب الله» وجنود «الدّولة»، جرّب السّلاح الجديد وثبتت فعاليته حتى اشتبك الطّرفان.. انقض الجيشان على بعضهما بالسّلاح الأبيض بعد قتال طويل بالأسلحة والهاونات.. كانت السّكاكين تُغرز بوحشيّة في الصّدور والدّماء تتناثر على الوجوه..

تسلل جرحى حزب الله إلى الرّبوع، وكذلك المنهكون.. ثم تبعهم المترددون منهم، لم يبقَ في السّاحة إلا جند «الدّولة».. يقاتلون ويَقتلون مَن استطاعوا من أعدائهم.. خاضوا معركة شديدة واستمات رجال «الدّولة» في الهجوم والإصرار على النّصر، وركز جنود «الدّولة» في ضرباتهم بحقد أعمى.. وتبادلوا الضّربات العنيفة.. حتى عدنان رغم جراحه فقد أبلى فيهم بلاءً لا نظير له.. يتلقى ضربات خصمه في خفة وحذر، كان مقاتلو «الدّولة» هُم الأشد قوة حتى أجهزوا على الطّرف الثّاني.. ولم يرحموا الجرحى، أمسكوا بأحدهم كان قد وضع شعار حزبه على صدره، فمزّقه عدنان، وانهال عليه بالطّعنات من الحربة.. واندفع يجري المطعون بجثته الضّخمة من الألم، كالثّور الذّبيح، ثم انكبّ على

وجهه كمصراع بوابة، امتلأت خياشيمهم برائحة التّراب والدّم، وترامت أصوات القتل والانتقام.

....

انتهت المعركة، سكتت أصوات الإطلاقات النّاريّة والضّرب بالسّلاح الأبيض.. وقف المنتصرون وهم يلهثون ويمسحون الدّماء عن الوجوه والرّؤوس والمعاصم، لكن ثغورهم افترّت، برغم ذلك، عن ابتسامة الفوز، ورجال الحزب مبعثرون على الأرض، وشمس الظّهيرة ساطعة ترسل أشعة حامية، ثم خاطب عدنان المنتصرين بصوت جهوري قوي هاتفًا:

- انتصرنا يا جند الله، نصرنا الله، وسنكبح جماح الكلاب إلى الأبد.

ثم كبّروا وهلّلوا بالنّصر الكبير..

وفي طريق العودة، كان النّور يصبغ الآفاق بمثل ذَوْبِ الورد الأحمر.. مع رجال استماتوا في القتال، لا يعرفون غير القتل كوسيلة.

□□□

16

لم يُسَرّ خاطر «أبويزن» بالنّصر، فتحالف عليه لقتله هذه المرة بخطة لن يسمح لها بالفشل.. وكل هذا وهدفه التّخلّص من عدنان الذي استطاع في فترة وجيزة تحقيق نجاح بالغ في صفوف التّنظيم، حيث كانت الخطة استدراجه والتّخلص منه بعد فترة وجيزة..

وبعدها النّيل من ميساء التي شغلت باله طويلاً.. لم تكن هناك ولا جارية تملأ عينيه مثلها.. فما زالت تأسر قلبه.. فالصّورة قد طبعت في قلبه وعقله والحصول عليها لا محالة.. كبرت الفكرة لديه وصمّم.. يجب أن يمتلكها مهما كان الثّمن..

ولكن الأمور اختلفت الآن وأصبح له مُساندون وأصدقاء.

◻◻◻

أخذ الظّلام يخطو فوق الجبال المحيطة بالمدينة ويشفّ عن السّحاب، وتساقط النّدى فوق الجباه من الحر، والرّجال يعودون بالنّصر إلى مقرهم، بدا الضّياء ينتشر رويدًا، ثم وصلوا إلى المقر العام، وتم استقبالهم بفرحة كبيرة.. توجه عدنان على الفور إلى ثكنة «الحارّي» لكي يوافيه بأخبار النّصر كاملة.. ولم يجده فأمر عدنان مجموعته أن يأخذوا قسطًا من الرّاحة وأن يعودوا في اليوم التّالي إلى المعسكر.

وفي اليوم الثّاني التقى عدنان بـ«أبويزن»، كان الأخير ظاهريًّا مرسومًا في

تقاسيم وجهه البسمة الصّفراء، أمّا باطنه فقد كان مزيجًا من نار وحطب تحرق به.

عدنان توجّس بالقلق بعض الشّيء ولكنّه لم يعرف سبب قلقه.. واعتقد لربما أنه مخطئ في إحساسه.. فـ«أبو يزن» يحبه وقد مدّه بالإمدادات طوال المدة التي كان بها عدنان يقاتل معهم.

ولكنه أمسك وكتم رغم كل ذلك إلى أن يتأكد من صدق إحساسه، فهذه أول مرة تنتابه بوادر القلق التي باتت تزداد يومًا بعد يوم.

- الشّيخ عدنان.. أيها المجاهد البطل، حمدًا لله على سلامتك ومبروك النّصر.

- الحقيقة يا مولاي لقد لقينا شدّة في القتال ولكننا عندما التحمنا معهم بالسّلاح الأبيض خسفنا بهم الأرض، كما يقال، ودمرناهم.

- إنهم يقاتلون بضراوة عندما يجتمعون مع بعضهم فهذا أسلوبهم، ولكن عندما تُشتّتهم وتفرقهم في ساحة المعركة يكونون كالنّعاج.

- بلا شك يا مولاي.

- عدنان.. بعد هذا النّصر العظيم عندي لك خبر جيد، ولا أكلف به أحدًا غيرك لشدّة ثقتي بك.. سأرسلك إلى أحد مجاهدينا وهو عالم كيميائي في مجال تصنيع الأسلحة الكيمياويّة، ستتعامل معه في مشروع جديد ومهم جدًا، وهذا الأمر سرّي للغاية.

- كيميائي؟

- نعم، فنحن بصدد تطوير قنبلة كيميائيّة، فبعد عدة تجارب توصل هذا العالم إلى تركيبة مهمة أريدك أن تكون حاضرًا معه لغرض مهم يخدم مصلحة «الدّولة».

- وكم من الوقت يجب أن أبقى معه وأين؟

- المكان قريب من إسكندرونة.. ستبقى شهورًا وربما أقل.. فلا أريد أن تشغل بالك بالوقت فأنت جندي، فكلنا هنا نذرنا أعمارنا لله.

- أمر مولاي مطاع.. وهل هناك سكن لي ولعائلتي؟

- سكن لك وحدك وليس للعائلة يا شيخ عدنان.

- ولكن زوجتي..

قاطعه «أبو يزن» بحدّة أثارت قلقًا فظيعًا في نفس عدنان:

- لا. ستذهب وحدك؛ فالأمر مهم وسرّي كما أخبرتك.

كان هذا آخر لقاء بينه وبين «الحارّي»، ويكاد حدس عدنان يكون في محلّه، يجب عليه أن يفعل شيئًا قبل فوات الأوان.. هناك شيء ليس على ما يرام.

17

صدمة ومفاجأة ولكنها ليست بعابرة، أحسّها عدنان بعد أن فطن إلى أنه لن يذهب في سبيل الله بل إلى أحضان الموت، والمهمة مشكوك فيها.. لم تكن المقابلة التي كانت مليئة بشحنات غير مريحة مقبولة في نفسه.. ولكن الأمير إلى ماذا يروم؟ ولو اتصل بالقادة الأعلى من الحارّي فإنهم سوف يأمرونه بتنفيذ الأوامر وفقط.. وفضّل أن يكتم إلى أن يجري اللّازم.

توجّس من المهمة خيفةً عظيمة، ولماذا يرفض أبو يزن الحارّي اصطحاب زوجه معه؟ أو ليس هو حرًّا في أخذها أم لا؟ ثم إنه يستطيع أن يكتم الأمر عن زوجه عند السّفر معًا، فهي غير ملزمة بمعرفة الحقيقة لو كانت المهمة سرّيّة كما يزعم الحارّي.

ما السّر يا تُرى في هذه المهمة؟

عام ونصف العام قضاها في كنف «الدّولة» ولم تكن لديه أيّ مشاكل أو أفكار تسيء إلى قوانين «الدّولة».. تُرى ما الذي غيّر قائده بهذا الشّكل ولماذا هذه الحدّة منه والإصرار على الذهاب في هذه المهمة المزعومة؟

مرّت الأيام عصيبة على عدنان حتى بدد مساعده المخلص -أبو زياد- كل شكوك عدنان وأتاه بسر وأمر خطير غيّر مجرى كل شيء.

مصدر موثوق منه ومُقرّب من أبو زياد يعمل في ديوان الأمير سمع أبو يزن الحارّي يتفق مع أحد القادة الذي يعمل تحت إمرة الأخير بتدبير خطة قاتلة

للتخلص من عدنان، وسيكون له الحق في مصادرة أملاكه، وسبي زوجته وتعتبر أنها زوجة كافر مرتد..

كان على عدنان بعد أن سمع تفاصيل الخطة أن يتصرف بالعقل.. لن يقتلوه الآن قبل أن يبعثوه في مهمته، وفي الطّريق سيتم التّخلّص منه.. فمن الصّعب قتل عدنان وهو في عقر داره.

أول أمر فعله عدنان وبلا أي تردد حرق كل الأوراق والخطط التي رسمها في صنع الأسلحة، والتّخلّص من كل شيء سوى ملفات لا أهميّة لها لتمويه «أبو يزن» بأن الأمور ما زالت عادية.. والاحتفاظ بالملفات دليل بأن كل شيء يسير على ما يرام.

الأمير سيحاول الاستيلاء على الخطط والأوراق، وقد استغل عدنان هذه الفترة القصيرة في تغيير نماذج خرائط الأسلحة، وبتغيير في أشياء صغيرة ولكنها حسّاسّة وفي الوقت نفسه لن تثير شكوك أحد.. لأنه وبلا شك عندما تقع يد الأمير على أسرار عدنان الحربيّة فإنه سيستغلها لصالحه، ولو كان الأمر بيده لن يتردد لحظة في تمزيق جسد عدنان والتّمثيل به، لأن فكرة إبعاده ثم قتله بحجة الخيانة والهروب هي الوسيلة الوحيدة لتبرير عمليّة قتله.

□□□

وفي اليوم التّالي كان عدنان في إجازة لبضعة أيام لكي يستعد للرحلة.

خرج من البيت ليتمشى، واستقبل رغم الصّباح الباكر شمسًا لافحة تتربع فوق الجبل، وجوًّا يزفر أنفاسًا حارة في الصّباح المشرق. وتمشّى قلقًا حتى وصل إلى أرض واسعة حيث تراءى له بعض الرّعاة، ومر رجل مهلهل الثّياب يكلم نفسه بشكل غريب، لاحت من عدنان نظرة خاطفة على الرّجل ثم واصل المشي يفكر.. وفي كل قسمة استنشق صفاءً نقيًّا، وخالَ الأرضَ الواسعة

تحوي كنوزًا من الآمال الواعدة لولا طغيان الظّلم. وجالت عيناه بين الأرض الخضراء الواسعة الجميلة والأغنام.

عليه أن يخطط للهروب، هروب لا رجوع منه.. وإن فشل فإنّه ميت لا محالة، هذا ما يُفكر به عقل عدنان الباطني..

لديه أيّام إجازة وعليه استغلال الوقت وعدم مباغتة ميساء بفكرة الهروب الآن.. ولكن هناك أحداثًا قلبت الوضع رأسًا على عقب.

أثناء عودته إلى الدّار فاجأه أبوزياد ينتظره داخل سيارته الحديثة (بيك أب) رُباعيّة الدّفع، نزل أبوزياد وعيناه تحملان القلق والخوف، تصافحا ثم لم يمهله أبوزياد وبدون مقدمات قال:

- عليك أن تغادر قبل موعد السّفر بسرعة، وإلا فالأمير قد اتفق مع أحدهم بتفجير موكبك الذي سيقلك إلى المكان الذي يجب أن تكون فيه بعد أيّام، وسبي زوجتك ومصادرة أموالك، وستكون من ضمن ممتلكات «الدّولة الإسلاميّة».

قبض عدنان بكفيّه كتف أبوزياد ككلب شرس يقبض على قطعة لحم.. جزّ أسنانه بغضب قائلاً:

- ماذا؟ أوَ يُعقَل أن يكون له مخطط قذر مثل هذا، وهو أمير في دولة مسلمة؟ إذن نحن مخدوعون بهم.. هؤلاء يستخدمون الشّباب وزجهم في النّار بينما هم يتمتعون بكل الخيرات، ويجلسون في أماكن لا تطولهم فيها شرارة الحرب ولا خطر القصف.

- عدنان.. عليك أن تغادر وإلا أصبحت في عداد الأموات، ما تقوله الآن متأخر جدًا، ارحل قبل أن تُقتَل.

- إذن، عليّ الخروج خلال هذه الأيّام.

- عدنان.. لديّ شخص يدعى أبومحجن هو من سيتكفّل بأمر هروبك، أثق به ثقة عمياء.. و إذا لن تمانع فسوف أتفق معه لإخراجك من هذه البقعة.

- أشكرك أخي أبوزياد، ولكن..

قاطعه أبوزياد قائلاً:

- أخي عدنان.. نحن إخوة وقاتلنا معًا، فوالله لن أتركك وحدك حتى أنجيك من هذا الكرب.. ولا تخف هناك أشخاص استطاعوا النّجاة وهم الآن يعيشون حياة عاديّة، فلا تتردد وقد ألحق بك.. من يدري؟.

ساد صمت قصير، ليشرد عدنان حزينًا بأفكاره، ثم استدرك قائلاً:

- أبوزياد.. مجيئك هنا خطر عليك يا أخي.

- لا تقلق، فقد جئت هنا في واجب خاص، ومررت للاطمئنان عليك. أما وقد وضحت الرّؤية وكشفنا خباياهم فعليك بالفرار، وغدًا سأبعث لك أبومحجن ليتفق معك، أنا ذاهب الآن أخي عدنان، هناك عمليّة فدائيّة وعليّ إرسال أحد الشّباب لتنفيذها بين فلول حزب الله.

- رافقتك السّلامة.

تعانقا ثم افترقًا بسرعة، صعد أبوزياد السّيارة والقلق يحيطه ثم قال بعد أن أدار محرك السّيارة وانطلق:

- ليسامحني الله، فوالله إن لم أفعل ذلك فسأكون معك في القبر يا عدنان.

□□□

18

جلجلت ضحكة الأمير الدّيوان، وكان متكئًا على وسادته، وعلى جانبيه أبوزياد الذي كان كالفأر، يبتسم ظاهريًا وخائف من الدّاخل وكأنّه على موعد مع شر لا مفر من قضائه، إحساس عجيب بالذّنب ارتكبه بحق صديقه مُرغمًا.

وفي الجانب الآخر لـ«الحارّي» يجلس أبوسامي، وكانوا يتكلمون في موضوع عدنان، حتى دخل عليهم شخص مُلتح من رجال أبوسامي الموثوق بهم وأحد البارزين في الاغتيالات التي تطول حياة كل معارض لهم، يحمل على كتفه «آر بي جيه».

ومعروف عنه أنه أحد الرّجال الّذين يغتالون كل من يعارض فكرة «الدّولة» أو يتهاون في أداء الواجب المقدس سيكون مكانه تحت التّراب.

ولهذا ارتعد أبوزياد حال رؤية وجهه وسلاحه.. الذي لا يفارقه خاصةً أنه يتعامل مع الـ«آر بي جيه» كسلاح قنص يضرب به عدوه ويشوي جلده كالخروف المحروق.

كاد أبوزياد أن يُعقّب على موضوع ما لكنه أمسك، واكتفى بالإنصات وعدم التّكلم إلا حين الضّرورة، خوفًا على حياته ومن إثارة غضب الحارّي.

جلس المسلح بإذن من الأمير.. اتخذ مجلسه بالقرب من أبوزياد الذي تظاهر

من شدة الخوف بالمودّة له.. ازداد رعبًا ورهبة، ولكنه كتم رغما عنه.. يحافظ على ابتسامة صفراء وميتة تكاد تُرسم بصعوبة على وجهه.

رفع الأمير حاجبه الأيمن وقال بصوت كالرّعد:

- لولا عيوننا كشفتك لكنت الآن مستمرًا في ضلالك.. كنا نعلم بأنك ستكون في صف هذا الكافر المدعو عدنان.. الذي انشق عن النّظام ومِنْ ثَمَّ انضم وانشق عن الجيش الحر أيضًا، كان يجب إعدامه من أول وهلة لولا بعض الأمور التي كان يجب أن نعرفها ونؤجل قتله، نحن قبلنا توبتك ولهذا لا تقلق، أنت تعاونت معنا في دفع عدنان على الهروب لكي نكون نحن في صورة نظيفة إذا أقمنا عليه الحد كخائن وهو يحاول الهرب من تنظيمنا.

ثم عقّب أبوسامي بسخرية:

- إن شاء الله (ومال على الأمير محملقًا في وجه أبوزياد):

- لقد نال شرف عفو سموّك مولاي الأمير.

- والآن أبوزياد.. تستطيع أن تذهب لترتاح قليلاً، لا نحتاجك الآن، فعلت ما عليك فانصرف حالاً، ولا أذكّرك بالكتمان لكي لا تلحق بمن سبقوك إلى الموت.

- أمر مولاي.

أطلق الثّلاثة ضحكة سخرية واستهانة من أبوزياد الذي بدا محرجًا، ومن ثم قام وقبّل يد الأمير قبل أن يغادر، وبعدها أشار له الأمير أن انصرف، وبعد أن انصرف، غمز الأمير للمسلح أن اتبعه.. فطار الأخير وراء ضحيته.

- ما رأيك يا أبوسامي؟

- عين العقل يا مولاي، تخلصت من الرّجل الذي سيقلق أمورنا، الاثنان يجب

أن يرحلا، وستفوز أنت بالحوريّة ميساء، فمن أول يوم وعدك به الصّومالي القذر بها وأرسل لك صورها وأنت مشغوف بها.. ولا تستطيع نسيانها.

- داعب الأمير بأنامله لحيته ثم قال بعد أن شرد قليلاً:

- ميساء، أكثر من سنة أحاول ولا أقدر أن أضمها إلى ممتلكاتي، الكلب زوجها أثبت وجوده بين القادة فلا أنكر ذكاءه، والله لو بقى أكثر لكنت تراه يجلس مكاني ولعزلوني من منصبي.

- سيطلّقها مرغمًا، أو سيقتلونه وسيجلبونها لك أرملة.. وتنعم بها كيفما شئت.

اعتدل الأمير في جلسته، وصمت عميق ساد في أرجاء الدّيوان، وبدأ العد التّنازلي للتّخلص من عدنان.

□□□

19

تمشى أبوزياد في الخلاء باتجاه سيارته، بعد أن اجتاز مقر الأمير، ووقف بجانب السّيارة التي ركنها في منطقة خالية، أسند جسده عليها ثم أخرج محمولة ليتصل برقم معيّن، ولكنه قطع الاتصال فجأة، ليجلس خلف مقود السّيّارة، تأمل الأفق.. أدار المحرك.. وأنصت إلى الأخبار في الرّاديو.. حانت منه نظرة في المرأة التي أمامه قبل أن ينطلق، ليرى ما لم يكن في الحسبان.. لقد رأى المسلح، ملثم الوجه فتعرف عليه على الفور.. -أبومحجن- يجلس على ربوة تفصله عدة أمتار عن أبوزياد وكأنه يتقصد أن يكون مرئيًا له.. واضعًا السّلاح على كتفه، في أتم استعداد لإطلاقه باتجاه الهدف.

كتم أنفاسه، فتح فاه، جزّ على أسنانه قبل أن يطلق صاروخ الموت، جفل أبوزياد، لن يستطيع الهروب فستحرقه القذيفة.. إنه هالك لا محالة.. تصبب عرقًا، احتقن الدّم في وجهه ثم صاح غاضبًا:

- ابن القحبة.

يحاول أن ينطلق، ولكن القذيفة أدركته، انطلقت بسرعة واشتياق لتفجر الـ«بيك أب»، لتحوّلها إلى كومة نار تلتهب في المنطقة السّاكنة الخالية من البيوت، وارتفع لهيب السّيّارة عاليًا، وبعد لحظات خفّت النّار والمسلح يرقب بلهفة.

نزل من على الرّبوة وتمشّى بخطوات واسعة نحو السّيّارة التي تحترق، تأمل النّار مليّا، ثم بصق عليه وقفل راجعًا إلى الأمير.

20

أكمل أبومحجن وضع الخطة، بعد أن اتفق مع الأمير على مخطط قتل عدنان، كان أبوسامي حاضرًا فهو صاحب الفكرة، وكان من ضمن المخطط أن تبقى ميساء على قيد الحياة.. وجلبها سالمة.

وصل بعد منتصف اللّيل إلى دار عدنان، يتشوق لبدء مغامرة من نوع ثانٍ.

طرق الباب، ليخرج له عدنان، استقبله الأخير بقلق، كانت السّاعة الثّانية صباحًا، تكلّما لدقائق بهمس.. ثم دخل عدنان ولم تمر دقائق حتى خرج وتبعته ميساء متلفحة بعباءتها، منتقبة، وفي يد كل منهما بقجتان.

صعدوا إلى السّيّارة، «بيك أب» سوداء حديثة، وانطلقوا بسرعة.

- أين أبوزياد؟

- ما زال في الواجب المقدس سيعود غدًا، لقد رتبت الطّريق الذي سنسلكه إلى تركيا وحال وصولنا إلى إسكندرونة سنكون بخير.. ساعات ونكون هناك.

- جزاكما الله خيرًا، والله لا أعرف ما أقول.

- قل خيرًا أو اسكت (قال مازحًا) ثم واصل: والله أخي عدنان.. أنتَ لست أول شخص أهرّبه فقبلك عدة أشخاص والحمد لله نجّاهم الله من هذه «الدّولة».. رجالها أشد قسوة من الحجر.

- المهم أن نتخلص فأنا قلق جدًا ولا أعرف لماذا، ولولا أبوزياد الذي شجعني بالخروج معك لما وثقت وهربنا.

مشت السّيّارة ساعتين.. في مكان صحراوي، توقفت فجأة وسط الظّلام، وعواء الذّئاب يتصاعد في أرض جرداء قاحلة وباردة.

- ماذا يحصل بالله عليك؟

- هناك عطل سوف أرى المشكلة.. لا تقلقا.

خافت ميساء وأمسكت بيد عدنان بقوة وعصرتها بشدة، ربت عدنان على كتفها على أن لا تخافي، حَضَنَها وقبَّل جبينها، وتحسس سلاحه تحسّبًا لأيّ طارئ.

نزل أبومحجن وفتح صندوق المحرك، ثم نادى على عدنان ليساعده، نزل عدنان ممسكًا بسلاحه، طلب منه أبومحجن أن يلقي نظرة على المحرك، وما إن مال عدنان بجذعه نحو المحرّك، إلّا هوت لطمة الموت على صدغه فأسكتته.

◻◻◻

21

فتح عينيه، كان هو وميساء مقيّدي الأيدي إلى ظهريهما، انهال أبومحجن لطمًا على وجهه حتى كلّت يداه، كانوا أربعة مسلحين، سحبوا ميساء من شعرها بقوة، ثم بدأوا يشمون وجهها بحركة استفزازيّة قاموا بها خصّيصًا لإغضاب عدنان.

يداعبون صدرها، وهي مقيدّة، مزّقوا رداءها وفتحوا حمّالة صدرها، وبدأت المداعبات تنهال عليها من كل حدب وصوب، هي تقاوم ولكن دون جدوى. خائرة القوة، كان عدنان ضعيفًا أيضًا بسبب الضّرب الشّديد الذي تلقاه منهم. لم يفعل شيئًا وهو مقيّد، وفجأة توالت على ميساء عمليّة اغتصابها، أمام عينيه، أطلق صرخة، ثم الثّانية، ثم جاءت الثّالثة جاءت ضعيفة بعدما ركلوه على وجهه بشدة.

أنهوا عمليّة الاغتصاب، ثم أدخلوها في الجِوال، وهي تصرخ ثم ربطوا فوهته ربطًا محكمًا، ثم قال أبومحجن:

لن نأخذها إلى أبو يزن الحارّي.. فالاغتصاب غير وارد في خطتنا.. والمفروض جلبها له معززة مكرّمة، ولكن عندما يسألكم عن سبب قتلها سيكون الجواب بأنها قاومت بالسّلاح وأرديناها قتيلة، دفاعًا عن أنفسنا.

أومأ المسلحون رأسهم بالطّاعة، صاح عدنان بانفعال جنوني:

- خذوني أنا.. أرجوكم.. اقتلوني بدلاً عنها.

ضحكوا ضحكة باردة، فركله أبومحجن في بطنه، ثم حمل أحدهم الجِوال على كتفه وساروا بها إلى الخلاء، رفعوا عدنان وأجبروه على السّير ضربًا، وتحامل على قدميه لكي يمشي و يتقي شرّ الضّرب.

يعانيان العذاب، إلى أين يسيرون بهما، وماذا أعدّوا لهما من ألوان الموت، أيقتلونهما رميًا بالرّصاص أم رجمًا بالحجارة؟

كان الرّجال صامتين، لا تند عن أحدهم كلمة، فليس ثمّة إلا الظّلام، وليس وراء الظّلام إلا الموت، وخوفًا من هذا الموت هرب عدنان من بلده قبل سنين، ليرجع مجرمًا ملطخًا بدماء الأبرياء، ربح المال فترة، وخسر كل شيء وجاء إلى الموت.

الموت الذي يقتل الحياة بالخوف حتى قبل أن يجيء. ماذا فعل بنفسه وهو يمشي على ساقين متعبتين تسيل الدّماء ملطخة بالتّراب على وجهه الشّاحب المتعب وكلّما تلكّأ بالمشي ركلوه بقوّة، يسقط تارةً و يضربونه حتى يقوم... أين أنتِ يا إخلاص؟

- أين أنتِ؟

- أين أنتِ؟

صرخة قويّة مزقت أعماقه من الدّاخل صرخة تقول:

- أين أنتِ؟ إخلاص..

صرخة دوت ولربما مزّقت آذان الموتى، لا يسمعها أحد غير الوحوش والذّئاب، تصدّعت الأرض والجماد لصراخه.

وقال رجل من القتلة:

- هذا المكان مناسب.

فقال آخر من القتلة معارضًا:

- هناك الأرض طريّة.

ارتعد قلب عدنان، فهم أنها لغة الموت، ألقى أحدهم الجِوال من كتفه على الأرض بقوة، حتى أطلقت ميساء صراخًا من أثر الوجع، فشهقت عندما هوى الجِوال، وارتطم رأسها بالأرض فهصر الألم عنقها وعمودها الفقري.
ثم سمع أحدهم يقول:

- احفروا بسرعة حتى نعود قبل الصّباح.

تساءل عدنان وهو يئِنّ من شدة الألم، لِمَ يحفرون الأرض قبل القتل؟ عندما سمع أنين ميساء ندت عن جسده المقيّد حركة عنيفة حتى جاءه أحدهم بضربة قويّة أسقطته أرضًا، لم يفقد الوعي بل أنهت قواه، فعجب من غلظة أكباد الرّجال القتلة.

صرخت ميساء على رغم إعيائها، وهتفت أعماق عدنان بلغة لم يدرها أحد.

ورفعت جثة ميساء أيد شديدة، ثم رمت بها إلى قعر الحفرة، فانهال التّراب، وارتفع الغبار في الغسق.

□□□

22

لا صوتَ في الصّحراء غير زفرات الصّراصير.

هول الفاجعة أجهز على عزيمة عدنان، أطلق صرخة عظيمة تحشرجت حنجرته وما عاد يقوى على فعل شيء، وهو يرى أحدهم يحضر كاميرا وغرز علم «الدّولة»، دليل أنهم سيقومون بعمليّة ذبحه وسيتم تصويره، لقد كان عدنان يقوم بذلك من قبل وذلك هو أسلوب هذه الجماعات.

وقت النّحر يقترب شيئًا فشيئًا.

رأى خنجر الموت والقاتل يجهزه بكل برود:

- الانتصارات لا تُراق فيها الورود.

طأطأ رأسه بوهن قبل أن يختنق صوته:

- لا إله إلا الله... محمد رسول الله.

ثم جذبوه بقوة، أسقطوه أرضًا وكمّموا فمه قبل أن يضربوه في معدته، ضربة ثنت جذعه ألمًا وأخرسوا صرخته.. دامي الشّفتين والوجه، بهت وانسحبت الألوان من وجهه رغم شحوبه الحاد، ثم بدأ التّصوير بعد أن تم تجهيز كل شيء مستهلين البيان بسورة قرآنيّة:

بسم الله الرحمن الرحيم

﴿وَأَعِدُّواْ لَهُم مَّا ٱسۡتَطَعۡتُم مِّن قُوَّةٖ وَمِن رِّبَاطِ ٱلۡخَيۡلِ تُرۡهِبُونَ بِهِۦ عَدُوَّ ٱللَّهِ وَعَدُوَّكُمۡ﴾ [الأنفال: 60].

صدق الله العظيم

هذا أحد المرتدين من عصابات المجرم بشار، والذي تلطخت يداه بقتل المجاهدين والمواطنين العُزّل، ولسوف ينال جزاءه ويكون عبرة لكل من لا يَعتبِر.

ثم استل الخنجر من غمده وبرك على جثّة عدنان، جذب رأسه فأوجعه، قبل أن يمرر السّكين على رقبته ليشقه، نحره.

اختلطت الدّماء بالتّراب قبل أن تخبو عينا عدنان، وتنطفئ حركته، ارتخى بين يدي ناحره كدمية قطنيّة، وحرر شعره الفاحم من بين أصابعه ووقع النّصل منه.

تمرّغ رأسه في التّراب الممزوج بالدّم ثم أنهوا التّصوير.

❑❑❑

23

إخلاص:

بعد أن فقدت الأمل بعودة عدنان، انصرفت إلى تربية أولادها وعملها، ونجحت في فتح دّكان خياطة، وأصبحت أُمًّا مثاليّة وخياطة ماهرة في الحارة، لم تنسَ عدنان.. ولم تعرف مصيره إلى حد الآن.

عزيز:

عاد إلى حياته العاديّة بعد أن فقد الأمل في إخلاص.. عاد إلى البارات والنّساء وبيع الخمور، ويُقال إنه قد أدمن البودرة وكاد أن يموت (أوفر دوز) ولكنه نجا في المستشفى بأعجوبة.

الجزار:

وجدوه قد نُحِر في إحدى اللّيالي (جثة هامدة) في أحد بيوت الدّعارة بعد أن هجم عليه مُسلّح ملثّم وفتك به فتكًا، بعد أن دخل عليه في غرفة إحدى بائعات اللّذّة، وتم قتله بينما كان الجزار يضاجعها سكرانًا. ومِنْ ثَمَّ قتل الغانية لكي لا تتعرف عليه ويضيع أثر الشاهدة الوحيدة. ويقال إنه تمت تصفيته من قبل حزب الله لكي لا يُكشَف سر الجزار، بعد أن تأكدت الجهات الأمنيّة عن طريق الشّهود والمراقبة الدّقيقة من ضلوعه في أمر التّفجير.

من أعمال الكاتب رياض القاضي[1]

RIYAD AL KADI

- ❑ الحريق والرّماد (ديوان شعر).
- ❑ نسرينيّات (ديوان شعر).
- ❑ نسرين (مجموعة قصصيّة).
- ❑ بغداد (ديوان شعر).
- ❑ قصائد ثائرة.
- ❑ أبجديّة الحب.
- ❑ اعترافات الحب.
- ❑ عصر النّساء.
- ❑ كتاب الوهم.
- ❑ المجزرة.
- ❑ رسالة لرجل في الأربعين (ديوان شعر).
- ❑ المصير (مذكرات مواطن عراقي).
- ❑ أحدب بغداد (رواية).
- ❑ نسرين (ديوان شعر).
- ❑ كهرمانة والغزاة (ديوان شعر).
- ❑ نساء على كفّ الرّب.
- ❑ تأملات (خواطر).
- ❑ قارئة الفنجان.
- ❑ من يوميات رجل حزين.
- ❑ حواء.
- ❑ إسطنبول.
- ❑ الصّرخة (رواية).

(١) تجدون مجموعة المؤلفات كاملة على أمازون العالميّة.

ابجدية الحب
رياض القاضي

المصير
مذكرات مواطن عراقي
THE DESTINY
RIYAD AL KADI
رياض القاضي

نسرين
Nisreen
Nisreen
-In Arabic-
By: Riyad Al Kadi
Ahmad Ali

نساء على كف الرب
شعر
رياض القاضي
دار ليلى للنشر والتوزيع

رياض القاضي
قارئة الفنجان

ديوان
نسرينيات
رياض القاضي

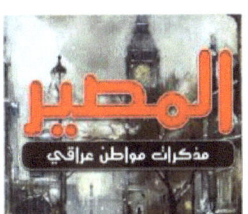

I0312154

www.ingramcontent.com/pod-product-compliance
Lightning Source LLC
Chambersburg PA
CBHW040016240426
43664CB00037B/38
* 9 7 8 9 7 7 7 0 9 4 2 3 8 *